GONGGONG ZIYUAN JIAOYI SHICHANG
ZHIFA ANLI JINGBIAN

公共资源交易市场
执法案例精编

《公共资源交易市场执法案例精编》编委会

北京师范大学出版集团
BEIJING NORMAL UNIVERSITY PUBLISHING GROUP
安徽大学出版社

图书在版编目(CIP)数据

公共资源交易市场执法案例精编/《公共资源交易市场执法案例精编》编委会编. —合肥:安徽大学出版社,2017.11

ISBN 978-7-5664-1448-9

Ⅰ. ①公… Ⅱ. ①公… Ⅲ. ①市场监管—行政执法—案例—汇编—合肥 Ⅳ. ①D927.541.229.45

中国版本图书馆 CIP 数据核字(2017)第 205292 号

公共资源交易市场执法案例精编　　《公共资源交易市场执法案例精编》编委会　编

出版发行: 安 徽 大 学 出 版 社
(安徽省合肥市肥西路 3 号 邮编 230039)
www.ahupress.com.cn
印　　刷: 合肥华星印务有限责任公司
经　　销: 全国新华书店
开　　本: 170mm×240mm
印　　张: 17.25
字　　数: 183 千字
版　　次: 2017 年 11 月第 1 版
印　　次: 2017 年 11 月第 1 次印刷
定　　价: 45.00 元
ISBN 978-7-5664-1448-9

策划编辑: 李　君
责任编辑: 李　君　李加凯
责任印制: 陈　如
装帧设计: 李　军
美术编辑: 李　军

编 委 会

目 录

序　言

这是一本专业解读公共资源交易市场执法监督实务与案例的书。书中的案例均为合肥市公共资源交易监督管理局(以下简称“公管局”)近年来查办的具有典型意义的案件:案情通俗易懂,法理清晰明了,程序公开透明,每一个案件的办理都充分体现了公平公正。本书的编辑出版,是合肥探索实践公共资源交易监督管理工作的阶段性总结,也是我市公共资源交易市场法制建设的成果展示。

合肥市高度重视公共资源交易市场建设。十年来,围绕市场的发展,市公管局不断加强和改进交易市场监督管理,着力推动“省市合一”统一的公共资源交易平台建设,健全完善公共资源交易监督管理体制机制。特别是近几年来,市公管局进一步健全完善监督管理法规制度,改革创新执法监督体制机制,狠抓执法监督队伍和业务建设,深入开展涉诉案件查办工作,通过强化监督管理,大力推动市场法制建设和诚信体系建设,提升服务保障能力,使得市场建设不断取得重要进展,有力助推了合肥经济社会的平稳健康发展。

规范交易市场执法监督工作，抓好市场法制建设，是推动市场繁荣发展，保障合肥“大湖名城，创新高地”战略顺利实施的需要。全市公共资源交易市场执法监督人员要积极适应全面依法治国对执法工作提出的新要求，以更加扎实有效的举措，大力推进、全面深化执法规范化建设，切实把严格、规范、公正、文明执法的要求落实到每一项执法活动、每一起案件办理中，不断提升公共资源交易执法公信力和法治化水平，让广大人民群众特别是公共资源交易参与人在项目交易和执法实践中充分感受到公平公正和廉洁高效。

执法监督工作责任重大、任务艰巨。希望全市广大公共资源交易系统干部职工特别是领导干部进一步增强依法行政意识，继续秉持改革创新精神，牢固树立执法为民理念，努力提高法制素养和业务能力，坚持严格执法、秉公办案、廉洁自律，努力推动公共资源交易市场建设和法制建设取得新成效。

韩　冰

2017 年 7 月

第一部分
关于投标人行为的执法案例

投标人在公共资源交易中扮演着重要的角色，其行为是否规范合法直接影响交易活动是否公平公正。在当前异常激烈的市场竞争形势下，投标人行为不规范甚至违法的情况时有发生。有的企业为谋取中标，将实际不满足招标文件要求的资质、业绩进行伪造或篡改后用来投标；有的企业在投标文件中进行虚假承诺；有的企业相互串通进行投标；有的企业中标后无正当理由放弃中标资格，等等。上述行为严重扰乱了公共资源交易的市场秩序，也是监管机构实施重点监管和查处的对象。

由于违法行为的具体表现形式多种多样，在执法实践中，也需要对各种情形进行充分而又审慎的研判，依法作出相应的处理。其中，对于可依据《中华人民共和国招标投标法》《中华人民共和国政府采购法》等法律法规直接定性的违法行为，必须依法实施行政处罚。对于难以依法直接定性或存在法律适用争议的不良行为，实施行政处罚存在法律风险，但放任自流会严重扰乱市场秩序。因此，合肥市与很多地方一样采用了信用评价的方式，将不良行为转化为失信记录，并对其今后参与市场竞争产生一定的影响，从而起到规范市场行为的辅助作用。

案例1

投标人拟派项目经理投标业绩造假案

【基本案情】

2016年10月，监管机构（合肥市公共资源交易监督管理局，以下简称“公管局”）接到有人投诉，反映A公司在甲项目投标中项目经理业绩弄虚作假，要求公管局进行处理。

公管局调查发现，甲项目招标文件要求投标人拟派项目经理需具备“至少包含一栋24层及以上单体建筑”的施工业绩。A公司投标文件提交的项目经理业绩为乙项目业绩，并附了该项目的《中标通知书》《施工合同》《单位（子单位）工程质量竣工验收记录》等资料。这些资料均显示乙项目中6号楼为28层，满足本项目《招标文件》要求。

公管局向乙项目建设主管部门协查证实，该项目的6号楼实际为20层。A公司在随后接受公管局调查询问时承认，乙项目中6号楼实际层数确实为20层；但又谎称乙项目《单位（子单位）工程质量竣工验收记录》系由乙项目业主方填写错误，A公司工作人员未认真核对，上传了错误的资料，并非故意弄虚作假。A公司要求公管局免于对公司处罚。

【焦点评析】

A 公司的弄虚作假行为是主观故意还是无心失误？

执法调查人员核对 A 公司会员库资料时发现，该公司在参加甲项目投标前，还参与了另外一个项目的投标，同样使用了乙项目业绩，但该项目投标资料中的《单位（子单位）工程质量竣工验收记录》显示 6 号楼为 20 层。据此可以推断，A 公司已明知乙项目 6 号楼层高为 20 层，但在参加甲项目投标时，在其提交的乙项目《中标通知书》、中标查询网址及查询截图、《施工合同》等业绩证明材料均无法体现招标要求的“至少包含一栋 24 层及以上单体建筑”内容的情况下，在其投标文件“工程概况”中说明乙项目最高为 28 层，同时将 6 号楼《单位（子单位）工程质量竣工验收记录》中的层数由 20 层修改成 28 层。显而易见，A 公司的弄虚作假骗取中标的行为应认定为故意行为。

【处理结果】

公管局认为，A 公司在甲项目投标中提供了虚假的项目经理业绩，符合《中华人民共和国招标投标法实施条例》第四十二条第二款第二项规定的情形，违反了《中华人民共和国招标投标法》第三十三条之规定。依据《中华人民共和国招标投标法》第五十四条、《合肥市公共资源交易市场竞争主体不良行为处理办法》第三条和《合肥市公共资源交易市场竞争主体不良行为认定标准》第五条之规定，公管局对A公司作出如下处理决定：1. A公司参加前述项目投标中标无效；2. 对A公司处以该项目中标金额5‰的罚款；3. 对A公司记不良行为记录1次，记10分，并予以公开披露。

【工作启示】

现实招投标活动中，投标人为了中标，铤而走险，弄虚作假，不惜以身试法的行为屡见不鲜，伪造证明材料的胆量也越来越大。在调查处理中往往想通过转移视线等方式来掩盖事实的真相。本案中，A公司企图通过工作失误来转移调查方向，以此掩盖其弄虚作假的事实真相。这就要求执法机构在调查处理案件时要善于分析研究，透过现象看本质，认真解读招标文件，准确理解把握招标文件规定，对投标人提交的资料进行抽丝剥茧的分析，从而及时发现识别弄虚作假行为，防止误判。

本案同时启发我们，投标人参与投标活动，应当树立正确的价值取向，严格遵守诚实守信的原则。如果为了眼前不当利益而不惜抛弃诚信，弄虚作假，必将搬起石头砸自己的脚，受到法律的惩处。

案例2

投标人串通业主单位提供虚假业绩证明材料案

【基本案情】

2016年11月，公管局接到群众实名举报，反映A公司参加甲项目投标拟派投标项目经理业绩造假，要求公管局取消A公司的中标资格。

公管局调查发现，甲项目招标文件要求投标人拟派项目经理需具备“单个项目合同额不低于5亿元人民币的基础设施工程（地下综合管廊、隧道、地铁、市政路桥、公路桥梁、电力工程等）”施工业绩。A公司参加甲项目投标的拟派项目经理为刘某，投标业绩为乙项目，并在投标文件中附了乙项目的《施工合同书》和《交工验收证书》，载明该项目拟派项目经理为刘某，刘某已经完成了乙项目的交工验收工作。

公管局分别向乙项目业主单位B市公路管理公司及行业主

管部门发函协查，其中，业主单位称A公司投标文件附录的前述《施工合同书》和《交工验收证书》属实；但政府主管部门回函表明，乙项目项目经理并非刘某，且该项目在甲项目开标前尚未进行交工验收。在相互矛盾的证明材料面前，A公司不得不承认弄虚作假和业主单位包庇的事实，并放弃了甲项目的中标资格。

【焦点分析】

业主单位出具的证明材料，如何认定其证明力？

业主单位作为合同实施主体一方，对项目实施的实际情况通常应最为熟悉。但在实际工作中，由于受利益驱使或人情干扰，有的业主单位往往违背诚信原则和法律法规的规定，提供虚假证据（证明材料），袒护包庇施工单位。如果执法监督机构轻易相信此类材料，就很可能得出错误的结论，办下错案，以致损害当事人的合法利益。因此，执法机构和人员在执法过程中应多方取证，特别是向行业管理部门或有权部门进行取证，以最大限度保证证据的真实性、公正性，从而加强甄别、分析研判，作出正确的处理决定。

【处理结果】

公管局认为，A公司在投标中提供虚假的业绩合同，属于《中华人民共和国政府采购法》第七十七条第一款第一项规定的情形，违反了《中华人民共和国政府采购法》第二十五条第二款的规定。依据《中华人民共和国政府采购法》第七十七条第一款、《合肥市公共资源交易市场竞争主体不良行为处理办法》第三条以及《合肥市公共资源交易市场竞争主体不良行为认定标准》第五条之规定，公管局对A公司作出如下处理决定：1. 对A公司处以该项目采购金额5‰的罚款；2. 对A公司记不良行为记录1次，记10分，并予以公开披露。

【工作启示】

诚实守信原则是市场经济活动的一项基本道德准则，也是现代法治社会的一项基本法律规则，更是社会主义核心价值观。建立和完善公共资源交易市场守信激励、失信惩戒和诚信自律机制是一项复杂、艰巨、持久的社会系统工程，需要政府、社会、行业、企业和个人协同配合，共同努力。本案中，A公司为了眼前不当利益，投标时不惜抛弃诚信，弄虚作假；执法调查过程中，该公司不是选择主动承认违法事实，而是企图通过串通业主单位开具虚假证明以期达到掩盖其违法事实的目的，结果弄巧成拙，加重了违法后果，受到应有的惩罚。

公共资源交易有关法律法规和投诉处理有关规范性文件规定，招标投标活动及其当事人应当接受依法实施的监督。有关行政监督部门依法对招标投标活动实施监督，依法查处招标投标活动中的违法行为。公共资源交易监督管理机构处理投诉时，有权查阅、复制有关文件、资料，调查有关情况，有关单位和人员应当予以配合。相关单位和人员应当实事求是、诚实守信，不得出具虚假证明材料损害他人的合理权益，破坏公正、有效、规范的市场秩序。作为监管部门，除对弄虚作假的单位给予严厉打击外，对出具虚假证明的单位应视其情节轻重依法移交给纪检监察机关或公安机关，并追究其出具虚假证明文件的责任。

案 例 3

放弃中标掩盖弄虚作假案

【基本案情】

2016年9月,公管局接到某招标代理公司来函,反映A公司放弃某项目工程监理的中标资格,提请公管局调查处理。

公管局调查发现,A公司系在该项目工程监理中标后,因受到其他投标人质疑其投标业绩造假而放弃中标资格,因此公管局针对造假事项开展深入调查。

该项目招标文件要求投标人需具备“近五年内具有10万立方米/日(含本数)及以上规模的自来水厂工程监理业绩”。A公司投标文件中提交了若干个水厂项目监理业绩合同。公管局经调查上述几家水厂项目监理业绩的业主单位证实,这几家业主单位均未与A公司签订合同。公管局进一步调查还发现,A公司《投标文件》中注明拟派项目总监为甲某,其《注册监理工程师注册执业证书》原件载明,甲某注册单位由另外一家公司变更至A公司,变更时间为2013年11月12日,但A公司投标文件中提供的甲某《注册监理工程师注册执业证书》复印件记载的变更时间为“2010年11月12日”。经查明，上述资料均系篡改而成。

【焦点评析】

对A公司是按照放弃中标资格，还是按照投标弄虚作假处理？

A公司在接受公管局调查时称，因G20峰会，该公司全体人员放假，不能在规定的时间内对异议事项进行回复，所以放弃中标资格。A公司同时称投标文件中的业绩均真实。但执法调查人员发现，A公司放弃中标资格是在其他投标人向招标代理公司提出异议、反映A公司投标业绩弄虚作假后放弃中标的。A公司放弃中标资格的理由、动机不符合正常逻辑。因此，调查人员对A公司《投标文件》中的业绩进行了逐一核查，最终发现该公司投标文件存在业绩弄虚作假的情况，公管局对A公司违法行为按照弄虚作假案件作出了处理。

【处理结果】

公管局认为：A公司在某工程监理项目投标中提供了虚假的业绩，变造证件信息，属于《中华人民共和国招标投标法实施条例》第四十二条第二款第一项和第二项规定的情形，违反了《中华人民共和国招标投标法》第三十三条的规定。依据《中华人民共和国招标投标法》第五十四条第二款、《中华人民共和国招标投标法实施条例》第六十八条第二款第一项的规定，公管局对A公司作出如下处理决定：1. 处以中标项目金额8‰的罚款（按照《合肥市公共资源交易行政处罚自由裁量权基准》,此数额属于一般违法行为的处理上限);2.取消A公司一年内参加招标项目的投标资格(属于《招标投标法实施条例》规定的变造证书等严重行为),并予以公告。

【工作启示】

A公司企图通过放弃中标资格来掩盖其投标弄虚作假的事实,以期达到逃避法律制裁的目的。这就要求执法机构和执法人员开展案件调查处理工作,要冷静客观地进行分析判断,树立以事实为依据、以法律为准绳的执法理念,重调查、重证据,坚持用证据说话,用严密的证据链条锁定行为人的违法事实,善于去伪存真,精准打击违法违规行为。

案例 4

根据群众举报查处弄虚作假案

【基本案情】

2016年4、5月间，公管局接连收到12345政务服务热线转来的丁某多次举报，反映A公司在甲项目投标中投标业绩弄虚作假，要求公管局予以处理。

公管局调查发现，该安置房项目招标文件中要求投标人需具备"一个及以上单个合同中建筑面积不小于15万平方米或单个合同金额不少于2.3亿元的建筑工程业绩"。A公司投标文件中提交了乙项目的业绩，并附了该项目的《中标通知书》《建设工程施工合同》《房屋建筑工程和市政基础设施工程竣工验收备案表》以及B县建设局出具的《竣工验收合格证明》扫描件，显示该项目总建筑面积为15.4万平方米，合同金额为2.6亿元，2015年12月完成竣工验收备案，满足甲项目《招标文件》要求。

公管局调查人员经仔细深入问询和实地查看发现，在A公司提交合同载明的地理位置并无乙项目。A公司在事实真相大白后接受公管局调查询问时，承认该公司投标提供的业绩为虚假业绩，投标中提交业绩的《中标通知书》《施工合同》《业主单位证明》《主管部门证明》和《工程竣工验收报告》等资料，均系该公司员工通过电脑合成的虚假资料。

【焦点评析】

投诉中，其他利害关系人的投诉渠道及投诉期限应如何界定？

《中华人民共和国招标投标法实施条例》第六十条规定：投标人或者其他利害关系人认为招标投标活动不符合法律、法规规定的，可以自知道或者应当知道之日起10日内向有关行政监督机构投诉，投诉应当有明确的请求和必要的证明材料。本案中，丁某认为A公司在某安置房项目投标中提交的业绩不实，没有及时通过法定渠道向执法监督部门提起投诉，而是分别三次拨打12345政务服务热线电话反映问题，表示其到现场没有见到乙项目，但未提供直接证据证明被举报人的投标业绩不实，若立案调查并没有明确法律法规依据。调查人员在调取和查阅A公司的某安置房项目投标文件后，也未发现异常情况，因此执法监督机构暂未立案调查。但在丁某的第二次、第三次向12345政务服务热线电话连续反映同一问题情况下，调查人员随即约谈了A公司有关人员，并到实地查看，最终发现了A公司投标业绩弄虚作假的真实情况。

本案中，丁某采取多次拨打12345政务服务热线电话的方式反映问题，由于其未提供问题线索和相关证据，不具备及时立案条件，执法监督机构将案件进行了暂存。在丁某连续多次反映问题的情况下，执法监督机构及时进行了回应，深入现场实地查看，符合加强事中事后监管的要求。但本案折射出的当前执法监督机构应如何处理公共资源交易中的信访举报问题，尚无法律法规的规定，值得引起有关方面的重视。

【处理结果】

A公司在某安置房项目投标中提供虚假的业绩，属于《中华人民共和国招标投标法实施条例》第四十二条第二款第二项规定的情形，违反了《中华人民共和国招标投标法》第三十三条的规定。依据《中华人民共和国招标投标法》第五十四条、《安徽省建筑施工企业投标不良行为认定标准和扣分标准》ZB－2－18条，以及《合肥市公共资源交易主体及评标专家不良行为记录与披露管理办法》第十条的规定，公管局对A公司作出如下处理决定：1. A公司在该项目中标无效；2. 对A公司处以该项目中标金额5‰的罚款；3. 对A公司记不良行为记录1次，记10分，并予以公开披露。

【工作启示】

近年来，人民群众的法制观念不断提升，具有较强的监督意识。但就公共资源交易领域而言，无论是《中华人民共和国招标投标法》还是《中华人民共和国政府采购法》，对质疑（异议）和投诉的接受处理程序均作出明确具体的规定，执法监督机构受理公共资源交易投诉案件具有明确的程序规定和要求。不符合受理规定的投诉人或其他利害关系人通过拨打政务服务电话、书信等方式，向政府部门或纪检监察机关反映问题，有关部门和纪检监察机关将信访举报人反映的问题及时转办、交办公管局进行处理。为了更好地规范处理公共资源交易中的信访举报问题，公管局积极探索，加强调研，出台了《公共资源交易信访举报事项受理和调查处理暂行办法》，为处理此类案件，建立制度，规范程序，提供保障；对符合规定的信访举报线索，坚持做到“有案必查、查案必清、违法必惩、结果公开”，有力地保障了公共资源交易活动的公平公正。

案例5

投标人及协查单位不配合执法调查案

【基本案情】

2016年5月，公管局接到某投诉人投诉，反映A公司在甲工程项目投标中投标业绩弄虚作假，要求公管局调查处理。

公管局调查发现，甲工程项目招标文件要求投标人须具备"单个合同金额或决算金额为2000万元及以上的电力排管工程"的施工业绩。A公司投标文件提交的业绩为乙项目，并附了乙项目的《中标通知书》《施工合同》等资料，显示该业绩合同金额为2905万元，满足招标文件要求。

公管局多次发函联系该项目的建设单位B公司，但该公司拒绝接收协查函，也不愿协助执法监督机构调查。最后在有关纪检监察机关的协调下，B公司出具了证明材料，证实并未与A公司签订过投标文件中提交的《施工合同》，投标业绩属弄虚作假。而在公管局调查期间，A公司在规定的期间内，拒不提交相关证据、依据和其他有关材料，存在对抗的行为。

【焦点评析】

被投诉人不配合调查、不回复《投诉调查通知书》,如何处理?

《工程建设项目招标投标活动投诉处理办法》第十六条规定:在投诉处理过程中,行政监督部门应当听取被投诉人的陈述和申辩,必要时可通知投诉人和被投诉人进行质证。《合肥市公共资源交易投诉处理暂行办法》第十六条规定:被投诉人拒不提交相关证据、依据和其他有关材料的,视同放弃陈述申辩的权利。本案中,A公司在收到公管局送达的投诉调查通知书后,在规定的期间内不予回复,经过多次约谈,仍不提交相关证据,公管局可视同其放弃陈述申辩权利。

协查单位不配合调查取证,如何处理?

《中华人民共和国招标投标法实施条例》第六十二条规定:行政监督部门处理投诉,有权查阅、复制有关文件、资料,调查有关情况,相关单位和人员应当予以配合。但在实际工作中,往往因受地方保护或其他因素的影响,少数单位采取不配合态度,给市场监管带来较大的困难。

【处理结果】

A公司在甲工程项目投标中提供虚假的业绩属实,符合《中华人民共和国招标投标法实施条例》第四十二条第二款第二项规定的情形,违反了《中华人民共和国招标投标法》第三十三条的规定。依据《中华人民共和国招标投标法》第五十四条、《安徽省建筑施工企业投标不良行为认定标准和扣分标准》ZB－2－17条,以及《合肥市公共资源交易主体及评标专家不良行为记录与披露管理办法》第十条的规定，公管局对A公司作出如下处理决定：1.A公司在该项目中标无效；2.对A公司处以中标金额8‰的罚款；3.对A公司记不良行为记录1次，记5分，并予以公开披露。

【工作启示】

在公共资源交易项目涉诉事项处理过程中，各家单位均会涉及社会影响、公众利益和企业风险，有的主体单位拒不协助调查，有的被投诉人消极应诉，总会想尽办法利用各种社会关系，给办案机构增加困难，阻挠执法调查。此时，办案机构就应主动协调有关主管单位、纪检监察机关，争取支持、帮助督办案件，以提高办案效率和质量，让不法相对人及时受到应有的惩处。

案例 6

投标人投标文件 MAC 地址相同案

【基本案情】

2016 年 5 月，公管局接到某招标代理机构来函，反映 A 公司和 B 公司参加某供电工程施工项目投标，两家公司所递交的电子投标文件 MAC 地址相同。提请公管局对 A 公司和 B 公司涉嫌串通投标行为进行调查处理。

公管局调查发现，A 公司和 B 公司于 2016 年 5 月的同一天、在同一台电脑上上传了电子投标文件。但是在调查过程中，两公司均表示因公司电脑出现故障而在附近的打字复印店制作上传了投标文件。调查人员核实了该复印店的电脑，仅验证了两公司上传时间非常接近，疑点诸多却又无有效手段作进一步深入调查。

【焦点评析】

为什么要对不同投标人的投标文件 MAC 地址相同进行

处理?

MAC 地址相同是在推行电子招投标时遇到的新问题,表明不同投标人的电子投标文件系由同一台电脑制作而成。《中华人民共和国招标投标法实施条例》第四十条规定,不同投标人的投标文件由同一单位或者个人编制,视为投标人相互串通投标。但该《条例》并未明确规定不同投标人的投标文件 MAC 地址相同的情形和认定的具体标准。虽然在国家发改委法规司牵头编制的《招标投标法实施条例释义》中,将不同单位的投标文件出自同一台电脑作为了串通投标的案例,但毕竟不属于法律法规正式条文的规定,能否作为实施行政处罚的依据存在较大争议。实际执法调查时投标人总是以在公共打字(复印)店制作巧合为由解释,在没有进一步调查手段得以继续调查和获得其他补充证据的情况下,监管机构直接以该情形按串通投标实施行政处罚,存在法律风险。

考虑到在电子招投标普及推进的当下,每一个正规企业都应该具有相应的编制、上传电子投标文件的电脑和能力,不应借用其他投标人的电脑或请人代劳,所谓巧合也基本是应付不实之词。因此大部分地方监管机构通过规范性文件均将该种行为纳入了不良行为范畴,在无法实施行政处罚的情况下往往通过信用评价的方式予以处理和惩罚。

【处理结果】

公管局认为,A 公司和 B 公司参加某供电工程施工项目投标,存在 MAC 地址相同的情形。依据《合肥市公共资源交易主体及评标专家不良行为记录与披露管理办法》第十条和《合肥市公共资源交易主体及评标专家不良行为认定标准》第二项第十三条的规定，公管局对两家公司作出以下处理决定：分别对 A、B 公司记不良行为记录 1 次，记 15 分，并予以公开披露。

【工作启示】

本案提供了两方面的启示，一是国家招投标法律法规规定的一些情形，已经与当前经济社会的发展进步不相匹配，法律法规的滞后性问题较为突出。比如，以往通过固定网线才能上网的电脑，容易锁定 IP 地址相同的串通投标情形。而现今无线网络已经相当普及，当事人随着活动地址的变化，每天都在使用不同的 IP 地址；若仍沿用前述法律条款来处理案件，显然是不科学、不准确的。二是不法投标人往往企图利用法律制度、工作机制等方面存在的漏洞，进行不法投标活动，谋取不当利益，并想方设法逃避监管和打击；执法机构要擦亮眼睛，查清事实，分清责任，进行严肃处理，并应从加强工作创新，改进服务管理等方面着手，采取切实有效措施，防范类似问题发生。

案件7

投标人无法履行中标义务弃标案

【基本案情】

2016年12月，公管局接到某招标代理机构来函，反映A公司放弃某路维修工程项目中标资格，提请公管局调查处理。

公管局调查发现，某路维修工程项目施工工期为20天，但施工现场存在诸多对项目实施不利的外在因素：1.该项目前期建设的施工甩项的沥青面项目尚未摊铺结束；2.该道路为附近各工地施工通行路段，无法封闭施工；3.该路段路面垃圾清运量实际远高于清单量；4.该路段仍堆放大量建筑材料，大量路面搭建的生活工棚尚未拆除。由于项目不具备施工条件，A公司向该项目的业主单位提出放弃中标资格。

【焦点评析】

“三通一平”是指基本建设项目开工的前提条件，具体指：水通、电通、路通和场地平整。现实工作中，有的业主单位项目前期工作未作充分准备，匆忙决定开展项目招标，中标人中标之后往往会因不具备实施条件而长时间宕工。在此期间，一方面相关人员无法进行其他项目投标，另一方面可能会遭遇市场价格波动的风险，因此不得不选择放弃中标资格。

【处理结果】

公管局调查认定，A公司中标后，不具备履行合同的条件，主要责任在招标人。A公司及时提出放弃中标资格，属于有正当理由，不应追究责任，应免于处理。公管局决定对中标人免于追责处理。

【工作启示】

提供合同履行的必要条件，是招标人（业主单位）的法定义务。但有的招标人往往因拆迁除障工作未完成，导致事与愿违。同时，固定价格的招标模式也未考虑长期宕工情况下的市场波动应对措施，确实会给招投标项目带来较大风险。实际工作中，如果存在大面积拆迁障碍，要么推迟招标时间，要么改变合同计价模式。只有谁的风险由谁承担，才利于招标人和中标人双方公平公正、及时高效履约，顺利完成合同义务。

案件8

投标人虚构社保信息投标案

【基本案情】

2015年11月，公管局接到A公司投诉，反映B公司在某政府采购服务项目投标过程中提供的社保人员及社保记录涉嫌弄虚作假，违反招标文件有关规定，要求公管局调查处理。

公管局调查发现，该服务项目招标文件要求投标人须拥有稳定的管理团队，管理团队不少于3人，且在投标人本企业工作满3年以上。投标文件中须提供管理团队的人员名单、身份证复印件或影印件及投标人近3年为其缴纳的社保证明材料。B公司在其投标文件中提交了拟派驻该项目的管理团队成员赵某、孙某等3人的社保证明材料。在相关投标人质疑处理阶段，B公司再次提交了赵某和孙某的社保证明材料。经公管局执法人员比对，两份材料存在部分记录单位名称不一致情况。经公管局向有关社会保险管理部门核实，B公司投标文件中提供的社保证明材料中部分人员的信息与有关社会保险征缴中心存档的信息不一致。

【焦点评析】

投诉人提交的相关证明材料未经公示，来路可疑，是否可以认定其以非法手段取得？

A公司在投诉时提供了B公司管理团队部分人员的社保缴纳信息的查询资料。执法调查时，B公司提出，该项目中标公示只对其投标业绩进行了公示，A公司是通过何种合法途径取得B公司《投标文件》参加本项目管理团队人员名单信息、个人身份证件信息及社会保险账户信息？被投诉人要求投诉人给予合法合理解释，并请求公管局根据《中华人民共和国政府采购法实施条例》第七十三条、《政府采购供应商投诉处理办法》第二十六条的规定，对A公司进行处理，并驳回投诉。虽然A公司提交的证明材料来路可疑，但公管局经独立调查已获得了B公司弄虚作假的相关证据，因此决定对B公司的弄虚作假行为予以处理。

如何认定该项目处罚基数？

《中华人民共和国政府采购法》第七十七条第一款规定，对当事人进行行政处罚，处罚的基数为采购金额。本案中，该项目的招标文件仅规定了每年的项目概算金额及本次招标项目的服务期限。为此，公管局研究决定，以该项目每年的项目概算金额乘以本次招标的服务期限（年度）所得出的金额作为该项目的采购金额，以此金额作为计算罚款的基数。

【处理结果】

公管局调查认定，B公司在某服务项目投标中提供了虚假材料，属于《中华人民共和国政府采购法》第七十七条第一款第一项规定的情形，违反了《中华人民共和国政府采购法》第二十五条第二款的规定。依据《中华人民共和国政府采购法》第七十七条第一款、《合肥市公共资源交易主体及评标专家不良行为记录与披露管理办法》第十条、《合肥市公共资源交易主体及评标专家不良行为认定标准》第二条第十二款的规定，公管局对B公司作出如下处理决定：1. 对B公司处以该项目采购金额5‰罚款；2. 对B公司记不良行为记录1次，记10分，并予以公开披露。

【工作启示】

近年来，随着普法工作的不断深入，投标人的维权意识不断增强，虽然公共资源交易有关法律法规和投诉处理相关规定都明确，应当驳回以非法手段取得证明材料的投诉，但法律法规和有关规范性文件并未明确规定如何认定以非法手段取得证明材料，因此，针对投诉人涉嫌以非法手段取得的但确实是真实的、能够证明被投诉人在投标过程中存在问题的相关材料，尚难以置之不理、不作出投诉处理决定。执法实践表明，有关部门抓紧制定出台具有可操作性的办法对此予以规范势在必行。

案例 9

以异议回复泄密为由干扰执法案

【基本案情】

2016 年 6 月，公管局接到投诉人投诉，反映中标人 A 公司参加某工程项目投标拟派项目经理业绩弄虚作假，要求公管局调查处理。

公管局调查发现，该工程项目招标文件要求投标人所报项目经理需具备“一个及以上单个合同建筑面积 10 万平方米及以上的工业厂房或商业综合体施工业绩（若为钢结构厂房业绩，其中混凝土部分不得少于 10 万平方米），其中必须至少含有一个单体建筑面积不少于 3 万平方米”。A 公司投标文件中提交的项目经理业绩为 B 项目，并附了该项目《中标通知书》《施工合同》《建设工程竣工验收备案表》，载明该项目建筑面积 102369 平方米，其中 GMP 车间建筑面积为 30075.6 平方米。

公管局经向 B 项目所在地建设行政主管部门协查证实，A 公司投标文件中《建设工程竣工验收备案表》系伪造，该备案表对应项目并非B项目。在公管局调查期间,A公司一直存在侥幸心理,拒不承认投标项目经理业绩造假问题,并以异议回复泄密为由干扰执法。直至其弄虚作假行为被查实后,该公司才递交了情况说明,承认其投标弄虚作假,并主动放弃了该项目的中标资格。

【焦点评析】

异议回复时,能否涉及未公示的内容?

前述项目招标文件规定:项目中标后将对预中标人的企业业绩、拟任项目经理名称及项目经理业绩进行网上公示,但并未规定业绩公示的具体内容。该项目在发布中标公示时仅对A公司拟派项目经理的姓名及项目经理业绩的工程名称进行公示,未公示业绩的包发人及项目地点。招标代理机构在对异议人异议回复时,将A公司项目经理业绩的发包人及项目地点告知了异议人。公示业绩的目的是更好地发挥社会和群众监督作用,建立社会监督制约机制,营造诚信投标氛围。异议答复时,招标代理机构将A公司项目经理业绩的发包人及项目地点告知投诉人并不违反法律法规规定。但因招标文件未明确对此作出约定,容易造成被投诉人A公司的误解或曲解,认为招标代理机构和投诉人采取串通行为,泄露应当保密的与招标投标活动有关的情况和资料。因此,招标代理机构应在招标文件中明确业绩公示的内容及形式,公示全部合同文件可能会导致泄露投标人的商业秘密,可以采取公示投标人在投标文件中提交的《企业类似业绩表》和《项目经理类似业绩表》的形式。

是否能认定投诉人以非法手段取得证明材料进行投诉?

投诉人投诉时提供的相关证明材料中包含被投诉人A公司投标文件中提交的项目经理业绩证明材料,是否可以认定其以非法手段取得证明材料进行投诉?现行法律及司法解释尚无专门针对认定非法手段取证的法条规定,仅在法理研究中从窃取的特征分析,非法手段至少应当具备以下特点:一是违背了信息所有人的意愿或真实意思表示;二是信息获取者无权了解、接触相关公民个人信息;三是信息获取的手段违反了法律禁止性规定或社会公序良俗。因此,被投诉人所提关于非法取证的问题仅是其为掩盖违法事实的手段,不能成为阻挠监管机构执法的因素。

【处理结果】

公管局认为,A公司参加某工程项目投标提供虚假的业绩,属于《中华人民共和国招标投标法实施条例》第四十二条第二款第二项规定的情形,违反了《中华人民共和国招标投标法》第三十三条的规定。依据《中华人民共和国招标投标法》第五十四条、《中华人民共和国招标投标法实施条例》第四十二条第二款第二项、《工程建设项目招标投标活动投诉处理办法》第二十条第二项、《安徽省建筑施工企业投标不良行为认定标准和扣分标准》ZB—2—17条,以及《合肥市公共资源交易主体及评标专家不良行为记录与披露管理办法》第十条的规定,公管局对A公司作出以下处理决定:1. A公司在该项目的中标无效;2. 对A公司处以该项目中标金额5‰的罚款;3. 对A公司记不良行为记录1次,记5分,并予以公开披露。

【工作启示】

公管局在调查过程中虽向 A 公司进行了政策宣贯，但并没有打消其侥幸心理，A 公司未能因此主动承认错误、争取减轻处理。直至公管局取得其弄虚作假的证据后，该公司才承认弄虚作假，但已错过了最佳坦白时机，导致最终被处以重罚。监管机构在执法调查过程中需要创新政策宣贯的方法，及早打消弄虚作假者的侥幸心理，促使其下决心主动认错、主动消除或者减轻违法行为危害后果，一方面有利于还原事情真相、推动项目进展，另一方面也有利于减少行政成本、提高办案效率。

案例 10

房屋租赁项目恶意干扰案

【基本案情】

2017 年 1 月，公管局接某交易中介机构来函，反映某房产租赁项目竞价中存在敲诈现象，提请公管局调查处理。

公管局调查发现，某房产租赁项目采用网络竞价、项目最高报价者得的方式确定新的竞得人，同时约定，原承租人享有优先承租权。自然人甲某和原承租人乙某均报名参与了此次竞价，甲某在竞价过程中曾将自己的实时竞价信息发送给乙某，同时还存在涉嫌抬价和敲诈的言行。乙某将该情形反映给交易中介机构后，交易中介机构中止了项目交易。

【焦点评析】

执法监督机构能否受理和处理此类案件？

敲诈勒索案件属于刑事案件，管辖权在公安机关；公共资源交易监督管理机构可以对交易不良行为行使执法监督权，依法对行政相对人进行执法调查，并作出相应处理。

仅凭原承租人的一个电话，产权人和产权交易机构即中止了该项目，是否存在滥用中止权力？

该项目竞价公告虽然规定产权人和产权交易机构均有权中止项目，但同时也规定：竞价结果仅作为成交依据，最终成交结果以成交公告为准，并对竞价结果异议的提出作出规定，给予了意向承租人反映竞价异常情况的渠道。如果执法监督机构查实其中存在敲诈勒索等异常情况，产权人可以通过确认宣布“竞价结果无效”的方式保护意向承租人的合法权益；若不存在异常情况，可在一定程度上避免出现原租赁合同超期履行的问题。如果前后价差过大，还会造成国有资产的损失。该项目租赁竞价过程中，产权人和产权交易机构均属于市场主体的一部分，为普通民事主体，按照法无禁止皆可为的原则，产权人和产权交易机构有权中止项目。但是否存在滥用中止权力，目前尚无相关的法律法规认定标准。

【处理结果】

公管局认为，甲某在该项目竞价过程中存在采取不正当手段影响和干扰其他投标人投标的行为。依据《合肥市公共资源交易市场竞争主体不良行为处理办法》第三条和《合肥市公共资源交易市场竞争主体不良行为认定标准》第七条之规定，公管局作出以下处理决定：对甲某记不良行为记录 1 次，记 10 分，并予以公开披露。

【工作启示】

在存在原承租人的产权租赁类交易项目中，原承租人往往希望通过竞价继续获得承租权，因此不愿意在交易前进行场地清空，产权人一般也予以理解支持。但实际交易中，经常发生利用原承租人的必得心理实施抬价敲诈行为的情形，即市场俗称的"房虫"。由于"房虫"行为较为隐蔽，且均为自然人行为，查处难度很大。

因此，对于国有产权租赁类项目交易，应系统研究设置合理的租赁周期，包括原承租人续租的前提和操作规定。确定要重新招租，尽可能在交易时清空原承租资产，以消除"房虫"利用的空间。

案例 11

投标人违法后主动到案争取宽大处理案

【基本案情】

2017年5月,A公司向公管局投诉,反映B公司参加某服务项目投标提供的业绩合同弄虚作假,要求公管局调查处理。

公管局调查发现,某服务项目《招标文件》规定,该项目评标办法采用综合评分法,投标人具有类似业绩的可以得分,《投标文件》中须提供业绩合同扫描件或影印件作为证明材料;同时规定,对排名第一的中标候选供应商的业绩一并进行中标公示。公管局执法调查期间,B公司主动承认了其投标弄虚作假行为,并提供了相关证据;同时,主动放弃了某服务项目的中标资格,减轻了违法行为所造成的后果。

公管局随后对B公司提交的业绩作了进一步调查核实,甲方出具的证明材料证实B公司提交的业绩合同系变造,B公司在该项目投标中确实存在提供虚假材料谋取中标的行为。

【焦点评析】

投标人被投诉或被举报存在违法行为，主动到案坦白的，监管机构能否对其从轻或减轻行政处罚？

违法投标人积极配合监管机构调查，主动坦白承认违法行为，提供证据，减轻违法行为危害、减少或挽回损失，便于监管机构更有效地预防和打击造假行为的，可以对其从轻或减轻处罚。

【处理结果】

公管局调查认定，B公司在某服务项目投标中提供了虚假材料，属于《中华人民共和国政府采购法》第七十七条第一款第一项规定的情形，违反了《中华人民共和国政府采购法》第二十五条第二款的规定。依据《中华人民共和国政府采购法》第七十七条第一款的规定，公管局作出以下处理决定：对B公司处以该项目采购金额5‰的罚款，在1年内禁止B公司参加政府采购活动。

【工作启示】

《中华人民共和国行政处罚法》和公共资源交易法律法规以及有关投诉处理办法的出台，目的是为了约束和规范各方主体的交易行为，对违法违规行为进行查处打击，维护交易市场秩序，保障交易活动正常运行。《中华人民共和国行政处罚法》第五条规定："实施行政处罚，纠正违法行为，应当坚持处罚与教育相结合，教育公民、法人或者其他组织自觉守法。"处罚与教育相结合的原则体现了我国行政处罚的特色。处罚不是目的，而是手段，通过处罚教育违法者和广大公民，从而预防和制止违法行为。教育是处罚的基础和目的，处罚是教育的手段和保证，两者相辅相成，不可或缺。执法监督机构在维护市场经济秩序的工作中，对当事人的违法行为，一方面，要依法惩处，按照《中华人民共和国行政处罚法》的规定决定行政处罚，合理行使行政处罚自由裁量权；另一方面，不能把处罚作为履行监管职责的唯一手段，要本着对社会负责的精神，通过各种教育手段和途径增强公民、法人或者其他组织的守法意识，预防并减少违法行为的发生。

案例 12

投标人投标弄虚作假逃避执法调查案

【基本案情】

2016年7月，公管局接到A公司书面举报，反映B公司参加某太阳能热水器采购及安装定点单位项目投标企业业绩涉嫌造假，要求公管局调查处理。

公管局调查发现，某太阳能热水器采购及安装定点单位项目《招标文件》规定投标人业绩为：近五年内具有单项合同金额不少于800万元的平板型太阳能热水器供货及安装项目业绩；且近五年内具有单项合同金额不少于20万元的屋顶真空管型太阳能热水器供货及安装项目业绩，要求投标人提供业绩合同及验收材料作为业绩证明材料。B公司《投标文件》中提供了两份太阳能热水器采购及安装工程合同，其中：甲小区太阳能热水器采购及安装工程，合同载明安装数量为798套，合同总价为1020.175万元，但合同中表格显示合计套数为2795套；乙小区太阳能系统工程，合同载明工程内容为3586套阳台平板型太阳能热水器、821

套屋顶真空管新太阳能热水器的采购和安装，合同总金额为1421万元(其中：设备采购总价为1438.23元，总包方安装配合费为17.23万元)，合同总金额与分项金额均存在明显矛盾。

公管局进一步调查发现的真实情况是，甲小区太阳能热水器采购及安装工程共采购平板太阳能热水器798套，合同金额实际为291.27万元；乙小区太阳能系统工程承包范围为1450套阳台平板型太阳能热水器、332套屋顶真空管型太阳能热水器，合同价为574.48万元(其中：设备采购总价557.25万元，总包方安装配合费为17.23万元)。协查结果表明B公司投标存在业绩弄虚作假谋取中标情形。但该公司在执法调查期间，始终拖延时间，不愿意提供业绩真实合同，企图逃避追责。

【焦点评析】

弄虚作假骗取中标且拒不承认弄虚作假的，应当从重处罚。

《中华人民共和国招标投标法》第三十三条规定，投标人不得以低于成本的报价竞标，也不得以他人名义投标或者以其他方式弄虚作假，骗取中标；第五十四条第一款规定，投标人以他人名义投标或者以其他方式弄虚作假，骗取中标的，中标无效。本案中，B公司投标业绩弄虚作假事实清楚，且该公司不配合调查，拒不承认弄虚作假事实，根据《中华人民共和国招标投标法》第五十四条规定，公管局应当对其作出从重处理的决定。

【处理结果】

公管局调查认定，B公司参加某太阳能热水器采购及安装定点单位项目投标时提供的两份工程合同内容造假。依据《中华人民共和国招标投标法》第五十四条、《合肥市公共资源交易主体及评标专家不良行为记录与披露管理办法》第十条及《合肥市公共资源交易主体及评标专家不良行为认定标准》第二条第12款的规定，公管局对B公司作出如下处理决定：1. B公司在该项目的中标无效；2. 处以该中标项目金额8‰罚款的行政处罚（按照《合肥市公共资源交易行政处罚自由裁量权基准》属于一般违法行为的处理上限）；3. 对B公司记不良行为记录1次，记10分，并予以公开披露。

【工作启示】

招标投标活动应当遵循公开、公平、公正和诚实信用的原则，投标人应当保证投标资料的真实准确，如确存在违反招投标法律法规的不当行为，应积极配合执法监督机构调查，主动消除或减轻对招投标项目的影响；执法监督机构依据《中华人民共和国行政处罚法》相关规定，可以对其从轻或减轻处罚。如投标人逃避、抗拒执法调查，执法监督机构可视情况在法律法规规定的种类和幅度内从重给予行政处罚。

案例13

投标人项目经理业绩争议案

【基本案情】

2016年10月，公管局接到A公司投诉，反映B公司投标甲工程项目的拟派项目经理业绩不符合招标文件要求，要求公管局调查处理。

公管局调查发现，甲工程项目《招标文件》要求投标人所报项目经理需具备"具有单期规模不小于20万立方米/日自来水厂工程(须包含V型滤池、沉淀池、清水池、泵房)施工业绩(须任职项目经理)"，项目经理业绩指担任项目经理岗位的业绩。B公司投标拟派项目经理为张某，《投标文件》中分别提供了乙项目和丙项目的《中标通知书》《合同》及《工程竣工验收报告》作为项目经理业绩证明资料。经向乙项目和丙项目业主单位(两项目业主单位相同)协查发现，乙项目签订合同时的项目经理为石某，丙项目签订合同时的项目经理为杨某；B公司申请将乙项目和丙项目的项目经理变更为张某，业主单位同意其变更，随后乙项目和丙项目一直由张某负责工程施工管理。在办理项目竣工验收时，建设行政主管部门审核发现张某不是乙项目和丙项目中标和施工许可证批准的项目经理，业主单位才获知B公司变更项目经理并未到相关监督管理部门办理变更项目经理的备案手续。最终，B公司在《工程竣工验收报告》的"项目概况"栏载明乙项目的项目经理为石某，丙项目的项目经理为杨某，城乡建设管理部门才予以核准备案，并发放了《竣工验收备案表》。

【焦点评析】

项目经理业绩被曲解

甲工程项目《招标文件》规定拟派项目经理在业绩项目中需担任项目经理岗位，关于"任职项目经理"的特别说明原本是对项目经理业绩的补充完善，但被B公司曲解为是在中标项目经理之外实际负责工程的"执行经理"。根据建设工程相关规定，项目经理指受企业法定代表人委托对工程项目施工过程全面负责的项目管理者，国内施工企业在进行施工项目管理时，实行项目经理责任制度；工程项目的管理机构项目经理部虽然是由多名管理人员共同组建，但是无论从项目合同的签署，还是从建设行业主管部门的监督管理来看，一个施工项目在同一时间段只存在一个项目经理，项目经理部负责技术、生产、材料、成本等的管理人员只能作为项目经理的助手，而不能代替项目经理。根据安徽省和合肥市的相关规定，施工企业提出更换项目经理的书面申请和相关证明资料，经监理、建设单位同意后，还需书面报工程项目相应的行业主管部门备案，并完成施工许可证变更、城乡建委信用管理系统相关信息更新等手续。本案中，B公司申请将乙项目和丙项目的项目经理由石某和杨某变更为张某，未经行业主管部门备案，项目经理变更手续未完成，因此虽然乙项目和丙项目实际由张某负责工程现场施工管理，但依然不能认定为张某的项目经理业绩。

业主方合同管理职责履行不到位

有效的合同管理是促进参与工程建设各方全面履行合同约定的义务、确保建设目标（质量、投资、工期）的重要手段，业主单位是合同管理最重要的一方。本案中，业主单位对施工单位项目部关键岗位人员疏于监督，对工程变更等环节没有引起足够重视，导致"项目经理"似是而非，对整个工程管理产生不良影响。

评标委员会对业绩证明材料判定失当

B公司在《投标文件》中提供的项目经理业绩证明材料显示：乙、丙两项目《中标通知书》上的项目经理分别为石某和杨某；两项目《合同》均不显示项目经理姓名；两项目的《竣工验收报告》中，"工程概况"栏显示项目经理分别为石某和杨某，但在"验收组人员组成"的"项目经理职务"栏由张某签字。评标委员会在评审中对B公司《投标文件》项目经理业绩证明材料中项目经理信息前后不一致情况进行了询标，B公司在回复时并未提供有效的变更澄清资料，评标委员会经协商后竟然一致同意撕毁询标函，不记入评标报告；最终评标委员会仅以乙项目和丙项目的《竣工验收报告》中由张某在"项目经理职务"栏签字，就认可乙项目和丙项目是张某的项目经理业绩，这种判定明显有失偏颇。

【处理结果】

公管局认为，乙项目和丙项目的项目经理分别为石某和杨某，B公司提供乙项和丙项目业绩作为投标拟派项目经理张某的项目经理业绩，不满足《招标文件》关于项目经理业绩的要求。依据《中华人民共和国招标投标法》第二十六条、《中华人民共和国招标投标法实施条例》第八十二条，公管局作出B公司在甲项目的中标无效的处理决定，同时对评标专家不按规定评审的行为予以处理。

【工作启示】

在工程项目管理中，管理人员职责履行情况直接影响项目实施，因此无论是业主方还是施工方都应加强对项目部关键岗位人员的监督管理，使项目部人员各司其职，切实承担起岗位职责，杜绝出现负责签字的纸面上的“项目经理”和负责干活的工地上的“项目经理”不一致的现象。建设部《建筑施工企业项目经理资质管理办法》规定，项目经理原则上只能承担一个工程项目施工的管理工作。在这个大的原则下，各省市制定了关于项目经理承揽工程的具体规定，对项目经理是否有在建工程的认定标准也各有不同，因此在招标项目中，《招标文件》关于项目经理的规定必须尽可能地表述准确。

案例 14

投标人项目经理有在建项目中标无效案

【基本案情】

2016年1月，公管局接到某投诉人投诉，反映A公司参加某安置房项目投标拟派项目经理为谢某，谢某承建的B施工项目在本次某安置房项目开标前并未通过竣工验收，谢某有在建项目，不符合招标文件规定，投诉人要求公管局取消该公司中标资格。

公管局调查发现，该安置房项目招标文件要求投标人拟派项目经理需无在建项目。调查中，投诉人反映的B施工项目的业主单位向公管局回函证实：该项目由于未正式通电，工程竣工验收未及时实施。市建筑质量安全监督站向公管局回函证实：未收到B施工项目建设单位提交的《竣工验收通知单》。市建委行政服务窗口也向公管局回函证实：B施工项目已完工，但尚未竣工验收。

调查期间，A公司向公管局提供了B施工项目11个单体、4大责任主体盖章齐全的《竣工验收报告》，以及在该安置房项目开标前A公司向B施工项目业主单位提交的《在建工程竣工及项目经理(总监)代管证书退还申请表》,表中载明市建筑质量安全监督站签署"情况属实"意见、市建委行政服务窗口签署"同意"意见的签署时间均在本次某安置房项目开标之后。

上述调查情况表明,投诉人反映的A公司项目经理有在建项目问题情况属实。

【焦点评析】

项目经理有无在建工程,应如何认定?

《注册建造师执业管理办法》第九条规定:注册建造师不得同时担任两个及以上建设工程施工项目负责人。发生下列情形之一的除外:(一)同一工程相邻分段发包或分期施工的;(二)合同约定的工程验收合格的;(三)因非承包方原因致使工程项目停工超过120天(含),经建设单位同意已经办理项目经理变更手续的。本案中,A公司项目经理谢某参加本次投标时,其正在承建的B项目并未完成竣工验收,也不属于上述的三种除外情形之一,如果本次中标再担任项目经理,就属于违反规定。

《工程竣工验收报告》能否证明项目已竣工?

《房屋建筑和市政基础设施工程质量监督管理规定》(住建部令5号)第五条、第六条规定:"质量监督机构应对工程竣工验收进行监督,并形成工程质量监督报告。"本案中,A公司向公管局提交了B项目11个单体的《工程竣工验收报告》,其中5个单体工程的"竣工验收结论和质量等级"一栏填写为"合格",6个单体工程的"竣工验收结论和质量等级"一栏空白;"验收意见"一栏也未记载项目验收质量等级，建设单位、设计单位、监理单位、施工单位均签章齐全。由于市建筑质量安全监督部门向公管局证实，未收到该项目的《竣工验收通知单》，而且验收意见填写不全，公管局对此《工程竣工验收报告》的有效性未予以确认。

【处理结果】

截至甲项目开标时，A公司项目经理谢某承建的B项目未完成竣工验收，其仍在担任该项目的项目经理，属有在建工程。A公司在某安置房项目投标时拟派项目经理为谢某，不符合该项目投标资格条件中关于“项目经理不得同时担任两个及以上建设工程施工项目负责人（法定情形除外）”的规定。依据《中华人民共和国招标投标法》第二十六条、《中华人民共和国招标投标法实施条例》第八十二条的规定，公管局作出A公司在某安置房项目的中标无效的处理决定。

【工作启示】

针对法律效力不全的《工程竣工验收报告》，评标委员会在评审时无法核对其有效性，但执法监督机构应对该项目进行查证，验证报告的真实有效性，为作出公平公正的处理决定提供依据。这样也可间接促使各责任主体遵循工程报建流程，依法按章办事，切实保障公共资源交易活动公平公正开展。

案例 15

中标人无正当理由放弃中标资格案

【基本案情】

2016年11月，公管局接到某招标代理机构来函，反映A公司放弃某产业园施工项目中标资格，提请公管局调查处理。

公管局调查发现，该产业园施工项目于2016年10月18日开标，经评审确定A公司为中标人。11月14日，A公司致函招标代理机构，要求放弃前述项目中标资格。A公司陈述其放弃中标资格的主要原因为该项目建设地点在外地，标书编制人员未去现场进行实地考察，导致报价过低，无法完成项目工程施工任务。

【焦点评析】

真实弃标原因的调查，对案件处理起到关键作用。

在执法监督机构实际处理的案例中，中标人放弃中标资格的原因多种多样，有因弄虚作假担心被发现的，有因自身原因导致报价失误的，有因与中标候选人协商放弃以便其进行递补的，等等。虽然均为弃标,但是处理结果各不相同。本案中,A 公司是否真的因报价失误放弃中标资格需要进行进一步调查。调查人员查阅了 A 公司投标文件,未发现 A 公司投标中存在弄虚作假现象。调查人员发现 A 公司投标文件材料价格与项目所在地市场材料价格相差确实较大;调查人员经询问项目招标代理机构,了解到 A 公司放弃中标资格后,该项目进行了重新招标,并未进行递补。

【处理结果】

公管局调查认为,A 公司在前述项目中存在在中标通知书发放前无正当理由放弃中标资格的行为。根据《合肥市公共资源交易市场竞争主体不良行为处理办法》的规定,公管局作出如下处理决定:对 A 公司记不良行为记录 1 次,记 5 分,并予以公开披露。投标保证金由招标人及代理机构按《招标文件》约定予以处理。

【工作启示】

在实际工作中,很多投标人在投标时,考虑较多的是如何中标,对其投标报价是否合理、是否有足够的技术和设备力量去履行合同往往考虑不足。还有的投标人采用低价抢标的手段,最终结果是不愿亏本,选择弃标。本案中,A 公司就是因为投标前未对施工现场进行实地考察导致报价失误放弃了中标资格,损害了公司自身的诚信经营形象。作为投标人,在投标前应详细阅读招标文件,深入工程现场进行实地考察,熟悉项目情况,慎重编制投标文件并进行报价，减少中标后可能产生的弃标或在合同履行过程中存在争议等现象的发生。同时，也建议招标代理机构在招标文件中应加入相应条款，提醒投标人慎重投标，以防患于未然。

第二部分
关于招标人及代理机构行为的执法案例

招标人是公共资源交易活动的发起方，代理机构是交易活动的组织者。在现实工作中，由于招标人和招标代理机构违反法律法规的规定引发招标投诉案例问题十分突出，对此应当加以重视。虽然当前各地关于交易方式的审批和交易文件的备案等环节均有较严格的规定，但由于交易项目涉及各行各业，再加上“放管服”改革之下招标文件备案规定正在逐步取消，因此招标文件中存在的不规范甚至违法情况也不断涌现。有的项目在招标时招标人设立了违反法律法规规定的资格条件，有的项目在技术参数设置上存在严重的排斥和倾向性；有的项目招标文件存在严重影响投标行为的歧义条款；还有的项目在招标组织程序上存在缺陷和漏洞，等等。这些问题如得不到及时有效的解决，将会严重影响整体交易活动的合法性及公平公正性。

案例 16

采购人要求中标人超出招标文件约定履约案

【基本案情】

2016年6月，采购人A公司致函公管局，要求取消某货物采购项目中标人B公司中标资格。采购人来函称，该公司在B公司中标后要求其提供样品，在样品对比过程中发现，B公司提供的多个货物样品未实质响应《招标文件》的相关要求。

公管局调查发现，B公司已领取了该项目的《中标通知书》，尚未签订采购合同，但该项目招标时《采购文件》并未规定要求投标人提供样品。而采购人要求B公司提供的样品也并非完全针对本次采购标的，因此其作出的对比检查并不能表明B公司投标产品未实质性响应《招标文件》要求。同时B公司在调查时也作出了承诺，严格按照《招标文件》要求和《投标文件》承诺提供产品。

【焦点评析】

采购文件未就投标人标后是否提供采购样品参与投标，采购人要求中标人标后提供样品是否具有合法性？

在政府采购活动中，常常会涉及提供样品问题。国内有的政府采购交易机构就政府采购样品问题制定了专门的实施办法或管理规定，对政府采购活动中样品的使用管理行为予以规范。采购人针对采购项目是否需要提供样品一般应在采购文件中作出具体约定；采购文件可以约定投标人标前或者标后提供样品，投标人根据采购文件的规定，在标前或者标后提供样品；投标样品作为采购文件的组成部分在标前或标后执行，应当视同标准样品；标准样品能够直接反应供应商的实际生产水平，在采购活动中可以作为评审委员会的评审依据、履行合同的验收依据，其作用是多方面的，必须在招标文件中明确约定，以免在评审过程中产生歧义，影响公正评审。采购文件如果未规定供货商在标后需提供样品以供检测、查验，采购人一般不得提出标后提供样品的要求；更不得以标后检测查验供货商的货物不符合采购文件规定和要求为名，要求供货商放弃中标资格。

【处理结果】

公管局调查认定，招标人要求中标人在合同签订前提供样品进行检测的行为超出了《招标文件》的约定，不能作为取消中标资格的理由。随后，公管局约谈了采购人A公司，指出其错误行为。A公司认识到错误，及时与B公司签订了采购合同。

【工作启示】

无论是《中华人民共和国招标投标法》，还是《中华人民共和国政府采购法》均规定，中标通知书发出后，招标人（采购人）改变中标结果的，应当依法承担法律责任，特别是《中华人民共和国政府采购法实施条例》还列举了两个禁止采购人改变评审结果的方式，即禁止采购人对样品进行检测、对供应商进行考察。在现实中，部分招标人（采购人）学法、用法、守法的意识不强，往往通过标后提供样品验收等方式，超出合同约定，无理要求中标人履行合同未约定的所谓“义务”，逼迫中标人弃标。为此，在实际工作中，有必要不断强化法律法规宣传教育，增强招标人（采购人）的法规意识，维护中标人（成交供应商）的合法权益，使公共资源交易活动向着健康有序的方向发展。

案例 17

招标人不当选择递补中标案

【基本案情】

2016 年 6 月，A 公司和 B 公司向公管局投诉，反映某招标代理机构在某产品定点供应商招标项目投标有效期结束后发布 C 公司和 D 公司递补中标的《评审结果变更公告》，不符合法律法规规定。投诉方要求公管局撤销该代理机构发布的《评审结果变更公告》。

公管局调查发现，该产品定点供应商招标系通过招标方式选择三家定点供应商，项目于 2016 年 1 月开标，确定 A 公司、B 公司和 E 公司为中标供应商。因 A 公司和 B 公司被投诉存在弄虚作假行为，经查实于 3 月某日被公管局依法认定为中标无效。当日招标人致函代理机构，表示维持 E 公司中标资格，不再递补供应商，将重新招标选择两家定点供应商。3 月某日，代理机构发布 A 公司和 B 公司中标无效的《评审结果变更公告》。2016 年 5 月某日，C 公司和 D 公司向招标人提交递补中标的书面申请，并承诺完全响应招标文件要求，履行投标文件承诺事项。5月某日，招标人第二次致函代理机构，要求按照评标委员会1月某日作出的评审排序，由第二中标候选人C公司和第三中标候选人D公司递补为某产品定点供应商招标项目的中标人。5月某日，代理机构发布C公司和D公司递补中标的《评审结果变更公告》。

该项目《招标文件》规定投标有效期为开标后60天；同时规定，排名第一的中标候选人被查实存在影响中标结果的违法行为，不符合中标条件的，招标人可以按照评标委员会提出的中标候选人名单排序依次确定其他中标候选人为中标人，也可以重新招标。

【焦点评析】

原中标人失去中标资格后，招标人对项目下一步实施的选择权不能滥用。

根据《中华人民共和国招标投标法实施条例》第五十五条规定，国有资金占控股或者主导地位的依法必须进行招标的项目，招标人应当确定排名第一的中标候选人为中标人。排名第一的中标候选人被查实存在影响中标结果的违法行为等情形，不符合中标条件的，招标人可以按照评标委员会提出的中标候选人名单排序依次确定其他中标候选人为中标人，也可以重新招标。法律法规赋予招标人对项目实施的选择权，在本案中被招标人不当使用，项目结束数月后再次递补引起原投标人的疑惑和不满情绪，因此导致了该起投诉案件。

【处理结果】

公管局调查认定，根据《中华人民共和国招标投标法》第三条第一款第二项规定，全部或者部分使用国有资金投资或者国家融资的项目必须进行招标。招标人于2016年3月某日已经致函代理机构，根据法律及《招标文件》规定放弃递补中标候选人，选择重新招标，该招标项目至此已经结束。2016年5月某日，招标人在项目已经结束数月之后，再次致函代理机构，决定由C公司和D公司递补为中标人的行为，属于未经公开招标、确定中标人的行为，其决定无效，代理机构根据招标人来函，于5月某日发布的《评审结果变更公告》亦无效。根据《中华人民共和国招标投标法》第四十九条规定，公管局作出责令某产品定点供应商招标项目招标人限期改正的处理决定。

该案决定作出后，C公司不服公管局决定，先后向某区法院和市中院提起行政诉讼，两级法院进行了一审和二审，均认为公管局作出的决定符合法律规定，驳回C公司的诉讼。

【工作启示】

在招投标实际工作中，在中标候选人中标无效后，法律及招标文件赋予招标人决定递补中标或者重新招标的选择权，在作出选择后不可改变。如本案中已经选择重新招标，表明原招标活动已经结束，时隔数月后再以递补中标名义选择确定中标人，其性质属于未经公开招标、直接确定中标人的违法无效行为。

案例 18

招标人选择项目招标方式违法案

【基本案情】

2016 年 9 月，某投诉人向公管局投诉，反映 B 公司在某项目管理、监理及物业管理一体化项目（以下简称“涉诉项目”）投标过程中，项目管理负责人业绩不符合《招标文件》要求，要求取消 B 公司中标资格。

公管局调查发现，涉诉项目系某大型安置小区项目的项目管理、监理及前期物业管理一体化招标。招标模式为招标选择一家项目管理单位，中标后由项目管理单位委托有资质的监理（如投标单位为监理公司则另行委托一家具备资质的监理公司实施项目监理）、物业管理单位实施项目的监理及物业管理；项目管理单位在本次投标时不需提供监理组织机构及物业管理人员的名单和相关资料。

按照涉诉项目的建设规模测算，无论是其工程监理还是前期物业的标的，均超出了法律规定的公开招标限额。但本次招标时既未确定监理单位和物业单位，也未确定相应中标费用，而是委托项目管理单位后期选择，且未明确通过招标方式选择。

此外，针对投诉人投诉的中标人业绩不符合《招标文件》规定的问题，经调查不属实。

【焦点评析】

关于项目管理方式的合法性问题。

涉诉项目为使用国有资金投资项目，根据《中华人民共和国招标投标法》第三条第一款第二项规定，该项目的勘察、设计、施工、监理等必须进行招标。在本案中，项目名称虽然含项目管理、监理及物业管理，但《招标文件》规定该项目仅招标一家项目管理单位，由中标的项目管理单位再行委托有资质的监理（如投标单位为监理公司，则另行委托一家具备资质的监理公司实施项目监理）、物业管理单位实施项目的监理和物业管理。这种方式导致项目的监理和物业管理实际上并未通过招标确定，而是由中标的项目管理单位直接委托，显然存在规避招标的违法情形。

【处理结果】

公管局调查认定，该项目管理、监理及物业管理一体化招标项目为使用国有资金投资项目，其中监理和物业服务的项目范围和规模标准达到公开招标限额，应进行公开招标。本次招标仅产生一家项目管理单位，由项目管理单位中标后直接委托项目监理和物业管理单位，违反《中华人民共和国招标投标法》第三条、第四条的规定。根据《中华人民共和国招标投标法》第四十九条规定，责令招标人限期予以改正。其后该项目按照法律规定对招标方式进行了调整，以联合体作为招标对象，并一次性明确项目管理、监理和物业的投标主体和相应报价，重新招标顺利完成。

公管局将调查结果向投诉人通报后，投诉人申请撤诉。鉴于在调查中未发现被投诉人有违法行为，根据《工程建设项目招标投标活动投诉处理办法》第十九条第二项规定，同意投诉人撤诉。

【工作启示】

随着建设领域改革创新的不断深入，传统的建设工程管理体制也在发生转变，工程总承包、一体化项目管理等模式应运而生。这些创新模式有利于促进建设领域的产业融合、有利于促进工程建设的技术创新，也有利于解决政府专业管理人员不足的问题。但是，在推进改革创新工作过程中，一些地方也存在打着创新的旗号行量身打造中标人之实。因此，在探索创新项目招标方式的同时，必须严格遵守相关法律法规，不能踏入违法招标的禁区。

案例 19

招标人无正当理由拒不签订合同案

【基本案情】

2017 年 3 月，公管局接到某招标代理机构来函，反映某测绘服务项目采购过程中，招标人和中标人违反《招标文件》规定，协商一致共同要求终止项目，提请公管局调查处理。

公管局调查发现，该采购项目《招标文件》规定项目应在合同签订后 12 个月内完成系统建设和项目验收，并要求投标人提供科学、合理的实施计划和进度图。中标人在《投标文件》中响应了 12 个月的工期，并提供了详细的《工程进度图》。

在合同谈判过程中，招标人以《招标文件》中关于工期进度的表述不清楚为由，对该项目进一步划分关键节点，并要求中标人按照重新划分关键节点的进度计划签订合同。中标人认为招标人的部分要求不具有可行性，如“测绘航空摄影”工作，中标人在投标时考虑到该项工作严重受制于天气情况，且需要协调民航部门，因此在《投标文件》中承诺该项工作在 3 个月内完成。合同谈判时，招标人要求缩短至1个月内完成该项工作，中标人无法接受。在无法达成一致签署合同的情况下，中标人不得不同意与招标人终止项目。

【焦点评析】

招标人无正当理由不与中标人订立合同的，由有关行政监督部门责令改正。

在本案中，中标人已按该项目《招标文件》的要求在《投标文件》中响应了工期进度，并提供了具体的《工程进度图》，经评标委员会评审符合《招标文件》要求；招标人在与中标人签订合同时，要求对项目实施过程的关键节点进行进一步分解，该关键节点分解在《招标文件》中并未作出规定，且与中标人《投标文件》中《工程进度图》的部分内容不一致；招标人也未能提供重新划分关键节点进度计划的合理理由，应属于无正当理由不与中标人订立合同的行为。

【处理结果】

公管局调查认为：招标人存在无正当理由不与中标人订立合同的行为。根据《中华人民共和国招标投标法实施条例》第七十三条规定，公管局作出如下处理决定：责令招标人予以改正，按《招标文件》要求和中标人《投标文件》的承诺尽快签订合同，推进项目实施。

【工作启示】

招投标结果受法律保护，招标人与中标人作为平等的市场主体，应按照《招标文件》和中标人的《投标文件》订立书面合同，并送有关单位备案。如招标人或中标人存在无正当理由不订立合同、在签订合同时提出附加条件等行为，根据《中华人民共和国招标投标法实施条例》的规定，由有关行政监督部门责令改正，并可处行政罚款等处罚。

案例 20

招标人项目不成熟盲目招标案

【基本案情】

2016年11月，公管局接到某业主单位来函，反映某绿化工程项目中标单位A公司中标后不与业主单位签订合同，提请公管局调查处理。

公管局调查发现，该绿化工程项目于2016年1月完成招标并发放《中标通知书》，后因部分区域道路施工未完成，长期不具备绿化工程施工条件，在此期间市场材料价格上涨较多，A公司成本大幅增加，无法继续履约，中标人A公司于是致函业主单位要求放弃中标资格。

【焦点评析】

是否可以以招标文件中要求投标人踏勘现场的条款认定A公司无正当理由拒签合同并进行处罚？

在建设工程招标中，通常会要求投标人在投标前自行踏勘现场，也就是在投标前对场地、水、电、交通，周边环境进行详细的了解。在投标时作为施工组织设计编写和投标报价参考，以免在后期产生不必要的纠纷。在本案中，A公司踏勘了现场，但作为绿化工程的投标人，该公司不可能对非标的的相关工程（道路工程）的施工工期进行判断或要求。A公司只能按招标文件进行投标报价并中标，但后期因道路施工未完成造成其投标成本大幅度增加无法履约，主要责任在业主方，执法监督机构不能据此对中标人进行处罚。

【处理结果】

公管局调查认为，因该绿化工程项目不具备施工条件，主要责任在业主单位；A公司不与业主单位签订施工合同属正当理由。最终，公管局作出对A公司免于处理的决定。

【工作启示】

《中华人民共和国招标投标法》及相关法律规定，项目招标应具备相应的基本条件才能进行招标。如果对不具备招标条件的项目进行招标，可能导致项目招标工作从一开始就存在很多不确定因素。例如，对招标范围不确定而进行招标就可能存在设计深度不够，造成清单不准确或者在后期施工过程中产生大量的设计变更，导致中标价不能正确反映工程的实际造价情况或者影响合同的执行情况。现场不具备施工条件而进行招标会造成中标单位中标后长时间不能进场施工，会面临着实际施工成本增加的风险，势必造成放弃中标资格或解除合同关系，造成招标失败，给承发包双方带来不必要的损失，甚至引起相关的投诉和法律纠纷。

案例21

采购人以不合理要求否定中标结果案

【基本案情】

2016年11月，公管局收到某招标代理机构来函，反映A公司放弃某道路绿化护栏制作安装项目（政府采购项目）中标资格，提请公管局调查处理。

公管局调查发现，2016年10月，A公司领取该项目《中标通知书》。之后，该项目业主单位采购人认为A公司中标价可能低于成本价，派人对A公司进行了考察。业主单位认为本次招标采购护栏种类多、制作工艺复杂，而A公司主营园林绿化工程建设工作，自身并无专业的护栏加工设备，缺乏完成专业制作护栏的条件，若施工将无法保质保量地完成项目建设工作。采购人与中标人A公司协商，要求A公司放弃中标资格。之后，A公司多次与采购人沟通无效，被迫放弃中标资格。

【焦点评析】

《中华人民共和国政府采购法》及配套规章在采购文件的编制、评审办法和标准的制定、评审组织成员的组成、评审的具体程序等方面，采取了很多措施保证评审结果符合采购需求。但采购实践中，个别采购人或者采购代理机构对已经评审出的结果不满意，意图寻找各种理由组织重新评审，希望借重新评审推翻原评审结论。有的采购人或者采购代理机构对评审结果不满意，借助样品检测、现场考察等手段推翻评审结果。这些做法不仅严重损害了政府采购的公信力，还极易产生腐败。因此，实际工作中执法监督机构要杜绝此类现象发生。

此外，在调查处理过程中，执法人员应该本着解决问题、推进项目实施的目的，通过约谈，沟通调解，一方面督促采购人和中标人双方按招标文件、投标文件及合同履约；另一方面广泛宣传法律法规。

【处理结果】

公管局调查认定，本项目采购人违反相关法律规定，通过对供应商进行考察等方式，意图改变本项目中标结果属违法行为。为维护招标投标的公平、公正、严肃性和法律效力，执法监督机构督促采购人履行招标文件约定，抓紧签订中标合同。最终双方签订了中标合同，保证了该项目保质保量按时完成。

【工作启示】

《中华人民共和国政府采购法》《中华人民共和国招标投标法》及相关配套规章均规定，招标人与中标人应当按照法律法规规定签订合同，合同的标的、价款、质量、履行期限等主要条款应当与招标文件和中标人的投标文件的内容一致。招标人与中标人不得再行订立背离合同实质性内容的其他协议。以上规定的目的，是为了保证招投标结果能够落到实处，防止招标人或中标人迫使对方在实质性条款上作出让步，或者招标人与中标人串通影响公平竞争，损害国家利益和社会公共利益。

案例 22

招标代理机构草率回复异议案

【基本案情】

2017 年 2 月，公管局接到某公司投诉，反映 A 公司参加甲市政项目投标拟派项目经理有在建工程，不满足本次招标要求，并对招标代理机构异议答复不满意，要求公管局调查处理。

公管局调查发现，甲市政项目《招标文件》要求投标人拟派项目经理“本项目投标截止时间前作为项目经理承担的其他工程均应已施工完成并在主管部门完成备案程序，对于前期其他项目作为项目经理未能履约至合同完成的，均视同有在建工程”。A 公司投标的拟派项目经理为陈某，陈某在前述甲市政项目开标前担任了乙项目的项目经理，施工内容包括道路、桥涵，以及收费站、管理区的房建、钢结构等，其中机电工程分包给另外一家专家承包公司。乙项目于 2017 年 1 月办理了公路工程交工验收，《交工验收报告》上同时注明了机电等工程须另行进行专项验收。截至 2017 年 2 月某日，A 公司参加前述市政项目投标前，陈某承担的乙项目合同范围内机电等工程尚未进行专项验收。

公管局调查发现，招标代理机构在处理本案投诉人异议时，将被投诉人的无实质性答复的异议回复意见，草率转手回复给本案投诉人，造成本案投诉人十分不满，前来公管局投诉。

【焦点分析】

除分包给单位的专业工程外，总包单位已完成合同范围内所有工程内容，并已进行专项交工验收，是否可视为本工程已完工？

建筑工程总承包是指承包人受发包人委托，按照合同约定对工程建设项目的设计、采购、施工、竣工验收、试运行等实行全过程或若干阶段的工程承包。工程总承包合同是指发包人与承包人之间为完成特定的工程总承包任务，明确相互权利义务关系而订立的合同。在本案中，被投诉人虽然将乙项目中的机电工程分包给其他单位，但根据《中华人民共和国建筑法》第二十九条规定"建筑工程总承包单位按照总承包合同的约定对建设单位负责；分包单位按照分包合同的约定对总承包单位负责"。因此，本案被投诉人仍然是乙项目合同履行的实施主体，在合同范围内的机电工程尚未进行验收的情况下，应视为工程合同未履行完毕。

【处理结果】

公管局调查认定，被投诉人参加甲市政项目投标截止时间前，由陈某担任项目经理的乙项目施工合同范围内的房建、机电工程未完成验收，不符合该项目《招标文件》规定的项目经理资格审查条件，依据《中华人民共和国招标投标法》第二十六条、《中华人民共和国招标投标法实施条例》第八十二条的规定，公管局作出A公司在甲市政项目投标中标无效的处理决定。

【工作启示】

近年来，投标人（供应商）维权意识日益增强，相应的投诉案件也越来越多，且涉及领域越来越广。原因当然是多方面的，例如：招标文件不规范、评审专家的评标行为不规范、招标程序不规范、投标人自身对投标文件、对标的物的理解偏差等。但有的诉求也确实因招标代理机构草率处理异议（质疑）引起。

异议是投诉的前置程序。招标代理机构如在收到异议（质疑）后不作深入调查，敷衍了事，虚以应付，投标人（供应商）只能采取投诉的方式解决问题。如此一来，不仅影响问题的处理效率，而且使得投诉处理调查取证变得更加困难。本案就是招标代理机构未严格按照招标文件规定处理投诉人提出的异议而导致投诉，在一定程度上影响了项目的实施进程。因此，作为招标代理机构，应当不断加强业务建设，提升学习能力，熟悉专业法律法规，适时开展经验交流、典型案例剖析，及时发现新情况、新问题，积极主动应对投标人质疑诉求，尽可能在异议、质疑期间解决问题，缩短问题处理的时间，提高招标效率，及时化解矛盾。

第三部分
关于招标文件编制不规范的执法案例

招标文件是公共资源交易活动的重要支撑，招标文件的质量直接决定了交易活动的成效。实际工作中因招标文件编制不规范、不科学，甚至违法而引起的质疑、投诉层出不穷。有的招标文件中设置了违反法律规定的资格条件；有的招标文件虽然设置了投标需要具备的资格条件，却未设置响应资格条件的具体要求和标准，以及投标人需要提供哪些证明文件、证明材料；有的项目在技术参数要求上存在严重的排斥和倾向性；有的项目招标文件存在严重影响投标行为的歧义条款，还有的招标人和招标代理机构对招标文件审核把关不严，存在文字错漏，不够认真严谨，等等。由于招标文件不规范会导致不同投标人理解上的大相径庭，因此监管机构在处理因招标文件引起的质疑投诉也是最为复杂的。

案例 23

招标文件相关条件设定存在争议案

【基本案情】

2017 年 1 月，公管局接到 A 公司投诉，反映 B 公司参加某广场规划设计项目投标业绩不满足《招标文件》规定的“近五年内具有单项合同总面积不少于 6 万平方米的公共建筑设计业绩”要求。投诉人要求公管局取消中标人的中标资格。

公管局调查发现，某广场规划设计项目《招标文件》要求投标人具备“单项合同总面积不少于 6 万平方米的公共建筑设计业绩”。B 公司投标文件提交的业绩为乙项目，并附了该项目的《设计合同》及对应的《施工图审查合格书》，载明该项目占地约 8.4 万平方米，总建筑面积约 29.65 万平方米，其中，综合开发计容建筑面积约 26.95 万平方米，车辆段部分建筑面积约 2.7 万平方米；建筑功能主要包括车辆段功能空间、住宅、公寓及商业服务设施；面积指标以规划管理部门最终核准的指标为准。评标委员会评定该业绩符合《招标文件》要求。

公管局执法调查期间，B公司提供了该业绩乙项目的《规划许可证》，证实该项目除包含住宅建筑外，还包含人民防空、地下停车库、地下架空层以及车辆基地等建筑约11万平方米。

投诉人A公司称，公寓及地下车库不能作为公共建筑，扣除这两项面积后，乙项目的实际公共建筑面积不满足《招标文件》规定要求。

【焦点评析】

公共建筑应该如何界定？

《民用建筑设计通则》(GB 50352—2005)3.1.1项规定："民用建筑按使用功能可分为居住建筑和公共建筑两大类。"但并没有进一步严格界定两类建筑范围的相关文件。投诉人认为公寓属于居住建筑，地下车库为其配套设施也不能作为公共建筑。但本案涉及的乙项目为包含公寓、商业配套设施等多种功能的综合体，地下车库也并非与公寓直接配套的附属设施。因此，据此理解为公共建筑面积不足的理由不充分。

【处理结果】

公管局调查认定，B公司提供的乙项目业绩符合某广场规划设计项目《招标文件》要求，A公司投诉缺乏事实根据及法律依据。依据《工程建设项目招标投标活动投诉处理办法》第二十条第一项之规定，公管局作出驳回A公司投诉的处理决定。

【工作启示】

本项目招标是一个大型综合性广场设计，招标人设定招标业绩的初衷是希望有一家具有类似设计经验的单位承接该项目，以确保设计质量。作为招标代理机构，在拟定招标文件时应该仔细斟酌招标条件设置条款，使之不但能充分表达招标人招标意图，又不会让投标人在理解上产生歧义。目前，对公寓是否属于公共建筑尚无法律法规作出明确的规定。在本案中，某广场规划设计项目《招标文件》设定业绩条款时也未对何为公共建筑作出详细的约定，而中标人B公司恰恰在投标中提供的业绩是集公寓、停车场、车库、车辆基地等为一体的设计业绩，最终导致A公司投诉。因此，在设定业绩条件时，招标代理公司应充分考虑项目特点，尽可能多描述与所招项目相同或类似条件作为约束条件，而不是泛泛地进行描述。唯有如此，才能尽量减少争议，使招标工作更加切合实际，符合项目建设的基本要求。

案例 24

招标文件答疑不严密引发投诉案

【基本案情】

2016年8月,公管局接到A公司投诉,反映某环卫作业服务采购项目招标评审严重违反招标文件评分原则,要求公管局取消中标人中标资格。

公管局调查发现,本项目《招标文件》要求“中标人必须按国家《劳动合同法》规范用工,办理相关保险(含人身意外伤亡保险,保额50万),《招标文件投标报价表》列明第1包和第2包一般纳税人政策性费用和不可竞争费用,《投标报价表》列项中均没有‘人身意外伤亡保险’项,且注明《投标报价表》中政策性费用及不可竞争费用不接受赠送及优惠,《投标报价表》外其他项,作为可竞争费用,可由投标人自行报价。在标前变更、答疑及《延期公告》中,要求投标人对环卫工人的人身意外伤亡保险费用进行报价,相关费用须体现在投标报价中并在分项报价表中列明”。本次招标的某环卫作业服务项目《评标报告》载明,第1包、第2包中标人的中标价均为招标文件规定的政策性费用及不可竞争费用的最低限价,《商务标测算明细表》中列明人身意外险报价均为0元/年。而投诉人A公司两个包投标报价中人身意外险报价分别为207600元/年、233400元/年。

【焦点评析】

本案中,中标人以0报价为环卫工人购买人身意外伤害保险,是否存在违反政府采购法的有偿取得服务行为呢?

经过推敲发现中标人并不存在违反法律规定的行为,因为政府采购的是环卫作业服务,而非环卫工人的人身意外伤亡保险,此保险是中标人为降低自身管理风险,进行的风险转移,即使报价为0,其也必须按《招标文件》规定购买此类保险,所以不能以中标人"违法"的结论来取消其中标资格或者责令重新开展采购活动。

【处理结果】

公管局调查认为,该环卫作业服务项目招标文件答疑已明确要求中标人为环卫工人购买人身意外伤亡保险,相关费用须体现在投标报价中并在《分项报价表》中列明;但答疑文件未同时修改原《招标文件》中的《投标报价表》,也未明确"人身意外伤亡保险"费用属于政策性费用、不可竞争费用或可竞争费用中的哪一类,由此导致评标委员会和各投标人理解不一致,《招标文件》存在一定瑕疵。

同时,检查该项目的《评标报告》发现,虽然不同投标人对上述条款理解不一致并有不同报价，客观上影响其商务标的得分，但该影响并不改变本项目两个包的评审排名顺序。考虑到在该项目投标中，两个包的中标人已将人身意外伤亡保险项目列入投标报价表，并且进行了报价，鉴于《招标文件》及答疑均未将人身意外伤亡保险项目列入不可竞争费用，评标委员会根据评标办法和评审标准推荐其分别为两个包中标人，不违反招标文件和答疑的规定。

综上所述，公管局作出决定，依据《政府采购供应商投诉处理办法》第十七条第二项的规定，驳回 A 公司投诉。

【工作启示】

招投标活动中，答疑文件是《招标文件》的重要补充。实际工作中，招标人及代理机构在面对投标人质疑时往往就事论事简单答复，而没有结合《招标文件》前后对应审慎答复，容易造成前后矛盾，甚至对投标产生实质性影响。本案为因答疑不严密导致的典型投诉案例。

案例 25

招标文件设定无规范标准技术条款引发争议案

【基本案情】

2016 年 9 月，公管局接到 A 公司投诉，反映某教体局关于中小学作业本印制的政府采购项目中标供应商 B 公司不符合中标条件，要求取消其中标资格。

公管局调查发现，该中小学作业本印制政府采购项目《招标文件》要求作业本内页采用防近视技术印刷，但《招标文件》既未列明防近视技术印刷具体标准和所需提供的证明材料，也未列明评审时确认判定防近视技术的具体方法。参加本项目的投标人，3 家(包括 A 公司)购买防近视专利技术授权应标，4 家(包括中标供应商 B 公司)在《投标文件》中未做任何防近视技术的响应。

【焦点评析】

招标文件如何设定评审条件?

《政府采购货物和服务招标投标管理办法》第二十一条规定:“招标文件规定的各项技术标准应当符合国家强制性标准。招标文件不得要求或者标明特定的投标人或者产品,以及含有倾向性或者排斥潜在投标人的其他内容。”在本案中,招标人把防近视印刷技术列为招标文件技术响应条款,但防近视印刷技术却没有被列入作业本的国家标准,国内只有几个省出台了相关的推荐性意见,也仅有两项相关的技术专利,使得招标人想限制用防近视专利,又没有相关法律法规、国家标准依据,故无法写明评审条件,写得模糊又让评审专家无法参照评审,最终因采购文件存在歧义,导致项目被废标。

评审专家面对评审条件不清的采购文件,应如何评审?

《政府采购评审专家管理办法》第十八条规定:评审专家应当严格遵守评审工作纪律,按照客观、公正、审慎的原则,根据采购文件规定的评审程序、评审方法和评审标准进行独立评审。评审专家发现采购文件内容违反国家有关强制性规定或者采购文件存在歧义、重大缺陷导致评审工作无法进行时,应当停止评审,并向采购人或者采购代理机构书面说明情况。在本案中,评审专家注意到了《采购文件》对防近视印刷技术的要求,也查阅了整个采购文件,未找到对应的评审标准,但并没有按规定停止评审或要求招标人说明情况,而是经过讨论,根据自身对行业印刷技术的了解,决定此项不提评审条件,推荐了中标候选人。显然,评审专家为了评出结果而做的评审，没有获得所有投标人的认同，而被投诉为不公平、不公正。

【处理结果】

公管局认为，该教体局中小学作业本印制政府采购项目《招标文件》要求投标人所投作业本内页需采用防近视技术印刷，但未明确投标人应如何响应以及评标委员会应如何评审判定防近视技术的具体标准和要求，且现行行业标准中也无防近视技术印刷的规范标准，以致各投标人在投标时和评标委员会在评标中对“采用防近视技术印刷”的理解产生歧义，对该项目投标报价、投标响应和评审结果产生实质性影响。依据《政府采购供应商投诉处理办法》第十九条第一项的规定，公管局作出如下处理决定：责令采购人及代理机构重新开展采购活动。

【工作启示】

公共资源交易招标、投标活动中，招标文件的编制是核心工作，具有较高的技术含量和专业要求，招标文件编制的科学性、规范性、公正性不仅是招标项目实现的前提与基础，也是能否推进项目顺利实施的必要条件。因此，在今后的工作中，无论是招标人、招标代理机构，还是行政监督部门，对招标文件的编制、审核、督查意见反馈等环节，都应抓紧、抓实、抓细，切实为公共资源交易项目带好头、把好关。

案例 26

采购文件评分条款存在歧义引发投诉案

【基本案情】

2017 年 1 月，A 公司向公管局投诉，反映某安保日常管理服务采购项目《采购文件》存在前后矛盾，评审过程违背公平、公正原则，要求取消中标人中标资格。

公管局调查发现，该安保日常管理服务采购项目《采购文件》规定评标办法为综合评分法，“企业业绩”的分值范围为 0—12 分。技术标详评阶段对企业业绩的评分标准为：“投标供应商自 2013 年 1 月 1 日以来：单项合同金额 50 万元及以上保安服务项目业绩，每个得 2 分，最高 8 分。其中，为景区保安服务项目业绩每个另加 2 分，最多加 4 分(提供合同复印件或影印件，时间以合同签订时间为准，原件备查)；同一项目不累计计分，以最高分计。”

本案投诉人 A 公司《投标文件》提供 4 项业绩为：1. 乙项目业绩，合同金额为 72.51 万元(合同金额 50 万元以上保安服务项目)；2.丙项目业绩，合同金额为273.6万元(合同金额50万元以上保安服务项目)；3.丁项目业绩，合同金额为71.22万元(合同金额50万元以上且为风景区保安服务项目)；4.戊项目业绩，合同金额为55.2万元(合同金额50万元以上且为风景区保安服务项目)。

2016年12月，该安保日常管理服务采购项目开标时，评标委员会在技术标评审中根据“同一项目不累计计分”的原则，判定本案投诉人A公司提供的4项投标业绩得8分。公示后针对投标人的质疑，招标代理机构组织对该安保日常管理服务项目重新评审，5名评委中3名评委认为《采购文件》无歧义，对本案投诉人A公司的企业业绩打分不予调整，维持原评审结论；业主代表及另1名评委认为该项目应重新招标，最终评标委员会按照少数服从多数的原则决定维持前述评审结论。

【焦点评析】

是采购文件表述不清，还是评标委员会未按规定的标准评审？

从本案调查情况看，该安保日常管理服务采购项目采购文件的技术标详评“企业业绩”评分标准中，既规定单项合同金额50万元及以上保安服务项目业绩的加2分、其中为景区保安服务项目业绩的另加2分，又规定“同一项目不累计计分，以最高分计”。上述规定对既符合单项合同金额50万元及以上保安服务项目，又符合景区保安服务项目的企业业绩的评分标准，存在歧义，导致投标人、评审专家对企业业绩得分标准的理解产生分歧。

在本案执法调查期间，公管局同时审查了该项目中标人与本案投诉人A公司的技术标得分，发现A公司仅因业绩得分中的微小差距错失中标资格，该业绩评分标准影响了中标结果。因此本次投诉案件的核心问题应为《采购文件》存在歧义。

【处理结果】

公管局认为，该安保日常管理服务采购项目《采购文件》关于投标业绩评分条款存在的歧义，影响中标结果。根据《政府采购供应商投诉处理办法》第十九条第一项规定，公管局作出如下处理决定：责令重新开展采购活动。

【工作启示】

《关于进一步规范政府采购评审工作有关问题的通知》（财库〔2012〕69号）规定：评审委员会发现采购文件存在歧义、重大缺陷导致评审工作无法进行，或者采购文件内容违反国家有关规定的，要停止评审工作并向采购人或采购代理机构书面说明情况，采购人或采购代理机构应当修改采购文件后重新组织采购活动。本案中，交易机构在受理A公司的质疑后，组织了评标委员会进行评审，评委对采购文件中业绩评分标准理解不一致，可以按照上述规定停止评审工作，并作出说明以避免对项目产生不利影响。

案例 27

招标文件特别条款未予约定引发争议案

【基本案情】

2017 年 1 月，某招租人来函公管局，反映某房产招租项目中标人汪某在中标后不与其签订合同，要求公管局对汪某进行处理。

公管局调查发现，该项目于 2017 年 1 月某日确定承租人为汪某，汪某领取成交确认书后，拒绝与招标人签订合同，原因是该房产招租项目《招标文件》未明确特别事项条款，即房屋承租期间，房屋产生的维修费用、水电费用由招租人承担还是承租人承担未明确约定，由招租人与承租人在项目中标后协商议定。但该项目中标后，汪某与招租人就合同中特别约定条款在中标后始终不能达成共识，导致合同无法签订。

【焦点评析】

是否以承租人在竞价前未对《招标文件》提出疑问而对其拒签合同的行为进行处理?

在竞价活动前,本案《招标文件》关于特别约定条款未明确约定,也就是说招租人未对该条款进行约定,有待在中标后合同签订时双方协商约定。而合同是双方协商一致后达成的协议,任何一方无权强迫另一方接受未经协商一致的条款。在本案中,招租人与承租人在中标后始终未就争议的特别事项条款达成共识,并不能归错于中标人。因此,执法监督机构不能以竞价人未在竞价前提出疑问而对其进行处理。

【处理结果】

公管局认为,招标人编制招标文件中合同约定事项不明确,导致汪某在合同中的特别约定条款方面与招租人不能达成一致意见,从而未能签订合同,其主要责任在招标人。公管局最终作出对汪某不予处理的决定。

【工作启示】

《中华人民共和国合同法》第十四条规定,要约是希望和他人订立合同的意思表示,该意思表示应当符合下列规定:(一)内容具体确定;(二)表明经受要约人承诺,要约人即受该意思表示约束。

在本案中,在招租前招租人对房屋招租合同条款中特别事项条款未作具体说明。在中标后，承租人与招标人双方又不能协商达成一致，导致合同无法签订，以致该项目重新招租，给招标人本身和投标人都造成了一定的损失。因此，招租人在编制《招租公告》时应对合同的主要条款、特别约定事项等尽量做到具体明确，避免中标后因合同相关条款、特别约定协商不成而产生弃标，影响招标成效。

案例 28

招标文件倾向性排他性引发投诉案

【基本案情】

2017 年 5 月，某公司向公管局投诉，反映某招标人组织的某交通项目通讯设备《采购文件》具有明显的倾向性和排他性，要求公管局调查处理。

公管局调查发现，前述某交通项目通讯设备采购文件规定：1.《招标文件》对投标人资格要求为：自 2012 年 1 月 1 日以来（以合同签订时间为准），具有单个合同金额不少于 100 万元的无线对讲通讯设备供货业绩。《招标文件》技术部分《详细评审表》对投标人业绩评分规定为：在满足投标人资格业绩要求的基础上，每多提供一个类似业绩的得 1 分，最高 2 分。2.《招标文件》规定所投产品的“专用技术”需求包括：须符合 TDMA 制式，采用 PDT 标准的数字通信技术；具有数字语音加密功能，需支持设置至少 128 位语音密钥，以防止窃听；支持优先打断功能，高级用户可以抢占信道并打断正在进行的通话；不小于 1.8 寸彩色显示屏，可同时显示呼叫者姓名和 ID 号码；能在直通模式下，实现虚拟集群功能；……共计 16 项。《招标文件》技术部分《详细评审表》"专用技术"评分规定，根据投标人所投产品是否满足招标需求中专用技术需求进行评分：全部满足的得 16 分，每有一项不满足的扣 1 分，扣完为止，最低得 0 分。

公管局同时查明，《招标文件》规定所投产品的参数要求共计 15 项，《招标文件》技术部分《详细评审表》"参数要求"评分规定为：根据投标人所投对讲机是否满足招标需求中的一般规格、接收部分和发射要求进行评分，全满足的得 15 分；每有一项不满足的扣 1 分，扣完为止，最低得 0 分。《招标文件》技术部分详细评审表"优先打断功能"评分规定：提供 3 台演示对讲机 A、B、C，且演示对讲机 C 具备优先打断权限。演示实现上述功能的得 3 分，否则得 0 分。《招标文件》技术部分《详细评审表》"直通模式虚拟集群演示"的评分规定为：提供 4 台演示对讲机 A、B、C、D，要求演示对讲机均只设置在同一信道；演示内容：A 呼叫 B，同时 C 呼叫 D，要求两组呼叫能够同时建立并互不干扰，两组呼叫结束后，随机选一台演示对讲机发起全呼，要求其他三台对讲机均能接收并建立呼叫。演示实现上述功能的得 3 分，否则得 0 分。《招标文件》技术部分《详细评审表》"资质认证"评分规定：所投设备生产厂商具备 ISO9001/14001 认证、GB/T28001 职业健康安全管理体系认证证书的，每提供一项证书得 1 分，最高得 3 分。《招标文件》技术部分《详细评审表》"投标人业绩"的评分规定为：在满足投标人资格业绩要求的基础上，每多提供一个投标人签订合同的且单个合同金额不少于 100 万元的无线对讲通信设备供货业绩的得1分，最高2分。

本项开标时，共有4家投标人参加投标，分别是投标人1(代理A品牌产品)、投标人2(代理A品牌产品)、投标人3(代理B品牌产品)、投标人4(代理C品牌产品)；本次评标办法为综合评分法，其中技术分满分70分，商务分满分30分。经评委会评审，各家技术标得分分别为：合肥某电子科技有限公司得分68分、投标人2得分62分、投标人3得分45.3分、投标人4得分33.6分。其中，涉诉内容涉及的评分项总分满分为15分，代理A品牌产品的两家投标人均得分15分，其他两家投标人得分分别为4分、3分。

【焦点评析】

如何认定招标文件是否具有倾向性或排他性?

招标文件存在“倾向性”通常表现在招标文件中的投标资格条件、技术要求及评标标准等内容违反法律和行政法规的强制性规定，违反公开、公平、公正和诚实信用原则，限制市场竞争。招标文件常见的“倾向性”条款主要表现为：1.在招标文件中明确限定或指定特定的专利、商标、品牌、型号、原产地或者供应商，导致只有唯一的供应商符合要求。如某灯具采购项目规定“采用飞利浦品牌电器及光源”，明显歧视其他品牌供应商。2.在招标文件中设定的资格业绩、技术参数等条件根据某些供应商的实际情况“量身定做”。主要是将一些与招标项目的具体特点和实际需要不相适应或者与合同履行无关、对招标项目无关紧要的资质、业绩或技术参数设定为必须响应的实质性指标，以区分特定供应商与其他供应商，导致其他供应商不具备这些条件。

【处理结果】

公管局调查认定：一是前述项目《招标文件》关于采购设备的技术需求和产品参数的规定与 A 品牌产品的技术资料内容高度一致，明显倾向于 A 品牌产品；二是《招标文件》规定对采用 PDT 标准的通讯设备进行加分，具有倾向性；三是《招标文件》评审项分值设置不合理且区分度过大，对“能在直通模式下，实现虚拟集群功能”和“支持优先打断功能”，设置了重复评分，分值均为 4 分，共计 8 分，具有倾向性。针对该《招标文件》的内容违反法律、行政法规的强制性规定，含有倾向、排斥潜在投标人的内容，影响潜在投标人投标问题。公管局作出要求招标人修改前述项目《招标文件》后重新招标的处理决定。

【工作启示】

在招投标活动中，制作招标文件是极为关键的一环。招标文件的规范与否直接关系采购结果的公平、公正性。为了使供应商之间形成良性竞争，避免违法行为，许多法律规章明确指出，招标文件不得含有倾向性或歧视性条款。但在实践中，评分标准设置不符合法律规定的现象还是时有出现。

有专家认为，招标文件是否有倾向性、排他性可以从两个维度进行判断：一是设置的评分因素是否属于项目的切实需要。如果设置了采购项目根本不需要的参数或要求，则可以重点去审查是否存在倾向性。二是在市场上能否形成充分竞争。如果招标文件的要求在市场上无法构成充分竞争，则属于有倾向性、排他性的设置。但是如果确实只有个别供应商能够满足，则不应当采用公开招标的采购方式。

在现实工作中，为了减少质疑、投诉事项，招标人应当根据招标项目的特点和需要编制招标文件，而不应为某一特定供应商量身定做招标文件。招标文件编写是否规范、准确，是否科学、严谨，直接影响整个招标工作的进度和成败。招标文件制作中，招标人和招标代理机构、交易服务机构要公开征求潜在投标人的意见，把好技术参数设定关口，力求招标文件更加公平、公正。

第四部分
关于评标专家评标行为的执法案例

评标专家在公共资源交易活动中承担着法律赋予的评审职能，专家的评审行为直接决定了招投标工作的成效。在实际工作中，评标专家专业不专、评审不规范、不遵守工作纪律，甚至违法评审情况时有发生。加强对评标专家的教育、考核和管理，严肃追究专家违法评标行为的法律责任，已成为当前深化公共资源交易管理改革、加强执法监督的重点内容。

案例29

评标专家未尽审慎评审义务案

【基本案情】

2017年1月，公管局接到A公司投诉，反映某特教设备采购项目预中标供应商B公司投标产品核心语汇学习系统等4项产品的检测报告虚假，要求公管局取消中标人的中标资格。

公管局调查发现，该特教设备采购项目《招标文件》规定对加注“★”核心语汇学习系统等4项产品，投标人必须“完全响应”或“优于参数要求”，否则作无效标处理；同时要求投标时提供政府质检部门出具的检测报告（包含指定的检测项目）。B公司《投标文件》《投标响应表》对上述4项产品均填写为“完全响应”，同时提供了上述产品的检验报告，但内容和字迹模糊，无法辨识其检验结果是否满足招标文件要求。项目评标委员会在评审时，既未要求投标人对该内容进行澄清，也未认真审核其内容，判定B公司的《投标文件》符合项目《招标文件》要求，评定其为本项目中标人。

公管局在查明相关情况的基础上，督促该特教设备采购项目采购人、招标代理机构于2017年1月某日，组织本项目评标委员会重新评审，评委会认真审查后，认为B公司《投标文件》列明的核心语汇学习系统等4项产品对应的检验报告比较模糊，不能证实该产品功能是否满足招标文件要求，且B公司在复评时也并未提交任何能补证其投标产品满足《招标文件》要求的证明材料，因此判定B公司投标产品不符合《招标文件》要求，取消B公司本项目的中标资格。

【焦点评析】

评审委员应依据哪些因素判定投标文件实质性指标是否符合招标文件要求？

在货物类采购项目中，通过要求供应商在投标文件中填报《投标响应表》，对所投产品的技术参数响应或偏离作出说明，但有些供应商完全“照搬”招标文件中的《投标响应表》，每一项技术参数的偏离说明均标注“完全响应”或“优于参数要求”。因此，为保证所投产品参数与投标文件中技术参数要求的真实性、一致性，通常招标代理机构会在供应商资格条件中要求提供《产品检验报告》《检测报告》《合格证书》等相关资料。评审时，这些资料是判断产品技术参数是否符合招标文件要求的重要依据。如果评审专家因疏忽未认真查看这些可验证的资料，就可能导致评标失误。在本案中，评审委员会就是因B公司投标文件中检测报告模糊不清，只简单将《投标文件》中《投标响应表》中参数、数据与《招标文件》作了比较，未与供应商所投产品的检验、检测报告一一对照核实，导致评标结果有误。

评审专家因疏忽大意或专业水平不足导致评标结果错误或引起质疑和投诉，是否需承担相应的责任？

评审专家在保障政府采购活动的公正性和严肃性、提高评审质量方面发挥着重要作用，承担着重要责任。评审过程中，评审专家应客观、公平、审慎地履职。《中华人民共和国政府采购法实施条例》第七十五条规定："政府采购评审专家未按照采购文件规定的评审程序、评审方法和评审标准进行独立评审或者泄露评审文件、评审情况的，由财政部门给予警告，并处 2000 元以上 2 万元以下的罚款；影响中标、成交结果的，处 2 万元以上 5 万元以下的罚款，禁止其参加政府采购评审活动。"《安徽省综合评标评审专家考评办法》第十七条、第十八条对专家应履行的义务和应遵守的工作纪律作出详尽的规定。同时，该办法第二十六条规定："专家违反本办法第十七条、第十八条规定的，由省有关行政监督管理部门，市、县公共资源交易综合管理部门或有关行政监督管理部门责令改正；情节严重的，暂停其 3 至 12 个月参与评标、评审活动的权利，并予以通报；情节特别严重的，清退出专家库，并予以通报；构成犯罪的，依法追究刑事责任。"在本案中，本项目评标委员会就是违反了《安徽省综合评标评审专家库管理办法》第十七条第三项"对应当否决的交易要约文件依法提出否决意见"的规定。

【处理结果】

公管局认为：本项目《招标文件》"标书规范性要求"的评审指

标为“投标文件签署、盖章符合招标文件要求；无严重的编排混乱、内容不全或字迹模糊辨认不清情况，投标文件对招标文件的实质性要求和条件作出响应”，但本项目评标委员会成员在第一次评审过程中，将B公司《投标文件》中字迹模糊的检测报告评审为通过，未严格按照《招标文件》规定的评审程序、评审方法和评审标准进行评审。鉴于该评标委员会在复议时已取消B公司的中标资格，减小了对该项目的影响，依据《安徽省综合评标评审专家库管理办法》第十七条第三项、第二十六条，结合《安徽省综合评标评审专家考评办法》，公管局作出如下处理决定：对该项目5名评审专家暂停3个月参与评标、评审活动，并予以通报。

【工作启示】

随着采购规模的扩大、采购项目的增多，质疑投诉案例也呈现逐年递增的趋势，引发质疑投诉的诱因越来越多元化，其中不乏因评审专家评审错误造成的。因此，作为一名评审专家，首先要提高业务能力，熟悉与评标有关法律法规，精通专业技能，不断更新自身知识结构，成为所报评标专业的行业能手；其次，要提高责任意识，评标专家直接决定各供应商能否中标，更应该本着对招投标双方负责的态度，评标前要熟悉了解招标文件；再次，要认真履行审慎评标职责义务，评标时严格按照招标文件确定的评标方法和标准，独立提出评标意见并勇于承担责任，切不可因时间紧、任务重，就走马观花，应付了事。

案例30

投标人报价错误专家评审不把关案

【基本案情】

2016年11月，公管局接到某采购代理机构来函，反映A公司放弃某执勤防护装具采购项目成交资格，提请公管局调查处理。

公管局调查发现，A公司投标某执勤防护装具采购项目《响应文件》的《分类报价明细表》中列明，执勤皮手套单价80元，反光背心单价48元，反光背心(带灯)单价60元，交通指挥棒单价80元；《主要成交标的承诺函》载明，执勤皮手套单价100元，反光背心单价30元，反光背心(带灯)单价50元，交通指挥棒单价100元；《成交结果公示》中包含上述两份不一致的价格表。该项目评标委员会既未发现价格不一致的问题，也未按照《谈判文件》规定，要求供应商对《响应文件》中含义不明确、同类问题表述不一致或者有明显文字和计算错误的内容等作出必要的澄清、说明或者更正，将其评审通过。在成交结果公示后，A公司的上述问题被其他投标人发现并向业主单位质疑，A公司于是向招标人提出放弃成交资格。

【处理结果】

公管局认为，A公司在投标中，因自身工作失误，使得其《响应文件》中《分类报价明细表》的货物报价与《主要成交标的承诺函》对应的货物报价不一致，按照招标文件固定总价合同约定，并不影响成交结果的履行；但A公司在被质疑和看清潜在经营风险后，放弃了成交资格，这是无正当理由的。依据《合肥市公共资源交易市场竞争主体不良行为处理办法》第三条以及《合肥市公共资源交易市场竞争主体不良行为认定标准》第二条的规定，公管局作出如下处理决定：对A公司记不良行为记录1次，记5分，并予以披露；并对评标专家未按《谈判文件》规定进行详细评审予以问责。

【焦点分析】

投标文件中出现报价不一致的情况，应如何评标？

招标文件规定投标文件中填报的投标报价、投标工期、工程质量标准前后不一致时，以填报《投标函》为准；同时要求供应商对响应文件中含义不明确、同类问题表述不一致或者有明显文字和计算错误的内容等作出必要的澄清、说明或者更正。在本案中，A公司在投标总价相同的情况下，出现了两份主要表格中货物单价报价不一致的情况，依据《招标文件》相应条款判定，应以《分类报价明细表》为准；再者，固定采购数量和总价合同的招标方式，出现单价不一致的情况，并不影响成交结果的履行；但评标委员会应在评标过程中，要求投标人进行澄清和确认，以避免中标后的争议。

【工作启示】

评审专家作为评审工作的主体，其社会责任意识、评标专业水平、自身素质、工作态度都直接影响评审工作的质量，影响招投标工作能否公平有序开展。但在现实工作中，部分评审专家水平不高，责任心不强，评标时不能客观、公正地对标书进行评审，而是走马观花，草草翻翻标书，敷衍了事，后期可能因为评审过程中一个小小的疏忽导致评标结果改变、招标失败或在项目实施过程中存在着价格风险。这样不仅给当事人带来损失，而且也影响招投标交易活动的公平性和公正性。因此，对于此类专家应严格按照相关规定进行责任追究和通报批评；同时，对那些评审过程中履职尽责、坚持原则的专家予以适当表扬，建立奖优罚劣机制，激发评审专家的工作潜能和工作热情，有利于评审工作的开展。

此外，如果评审专家因其专业限制，或者对招标文件、招投标相关法律的理解有限、存在偏差，在评标过程中出现一些误判的情况，招标代理机构工作人员和特约监督员如发现此类问题时应及时提醒，并反馈监管部门，以便保护招标各方参与人的合法利益，而不是抱着“多一事不如少一事”的想法听之任之。

案例 31

评标专家不遵守回避制度案

【基本案情】

2016 年 3 月，公管局接到 A 公司投诉，某学校体育场地及器材采购与安装项目评标委员会成员评审存在违规行为，要求公管局调查处理。

公管局调查发现，该学校体育场地及器材采购与安装项目评委李某和王某均系某省体育中心工作人员，在项目招标准备工作阶段，李某受招标人邀请，参加了在采购中心组织的该项目采购技术参数论证会，针对质疑招标文件要求出具检测报告机构应具有 CMA、CNAS 认证资质等事宜，代表业主单位对专家论证组进行了详细解答。王某也曾受招标人邀请参加了该项目图纸审核和专家论证。

在开标当天，李某和王某收到专家抽取通知，根据语音提示回复同意并按时到场参加该项目的评标。在评标前准备环节，李某和王某均认为其和投标人没有利害关系，不属于《评标委员会评委须知》中需回避的情形，签字确认不需回避，并参加了评审。

【焦点评析】

评审专家未回避，如何处理？

《政府采购货物和服务招标投标管理办法》第四十五条规定：招标采购单位就招标文件征询过意见的专家，不得再作为评标专家参加评标。采购人不得以专家身份参与本部门或者本单位采购项目的评标。在本案中，评审专家李某参加了该项目标前质疑论证会，评标委员会成员王某参加了该项目标前图纸审核论证会，该两人均属于就招标文件征询过意见的专家，依据此条规定，其不得再作为评标专家参加评标。未选择回避而是参加评标，就违反了《中华人民共和国招标投标法实施条例》第七十一条的规定，属于违规行为，招标项目存在违规行为，应当依法作出严肃处理。

【处理结果】

公管局认为，李某、王某在本项目评标时符合回避情形，但该两人均未选择回避，导致该项目评标委员会组成不合法，存在影响采购评标公正的违规行为。依据《中华人民共和国政府采购法》第三十六条第一款第二项规定，公管局作出如下处理决定：对某学校体育场地及器材采购及安装项目第 1、2 包招标予以废标，并对李某、王某予以追责。

【工作启示】

在本案中，招标代理机构和监督员宣读了《评标委员会评委须知》中的相关规定，评审专家也自行阅读了有关回避的规定情形，但对法定情形认识不清、认识不到位，才是导致最终结果的关键。为此，在今后的工作中，招标人及其招标代理机构应注重招标评标细节工作，要把招标评标的每一步工作都抓细、抓实，提醒、监督到位，才能减少工作失误，保障招标工作顺利进行。同时，有关监督管理机构和交易机构要加强对评标专家的教育管理，对专家评委的日常评标活动和相关履职行为要加强监督，促进不断提高职业道德素养。对违反评标规定的专家违法行为，要发现一起严肃查处一起，推动评标专家在公共资源交易工作中真正发挥应有的作用。

案例 32

评标委员会擅自改变评审标准案

【基本案情】

2016年7月，公管局接到A公司投诉，反映B公司在某校园体育器材采购项目投标中主要成交产品不符合《招标文件》要求，要求公管局取消中标人资格。

公管局调查发现，B公司参加某校园体育器材采购项目投标，其投标产品两种规格的足球均为“某某”品牌，4号球的型号为S780-4，5号球的型号为S780-5。但其《投标文件》中提交的国际足联(FIFA)认证证书，品牌为“某某”，型号为“S-900”，该认证证书与前述产品并不相符，但评标委员会却为B公司加了须提供投标产品对应有效证书才能得到的4分。

【焦点评析】

《中华人民共和国政府采购法实施条例》第四十一条规定：评

标委员会、竞争性谈判小组或者询价小组成员应当遵循客观、公正、审慎的原则，根据采购文件规定的评审程序、评审方法和评审标准进行独立评审。在本案中，某校园体育器材采购项目《招标文件》规定所投产品须获得国际足联认证证书，而不仅仅只是该足球生产厂家的任何产品获得认证证书即可加分，评标委员会听从了投标人的解释，认为校园足球不需要太高的标准，擅自改变了《招标文件》规定的加分条件，将每个投标人此项评审时均加4分，违反了客观公正的评审原则。

【处理结果】

公管局调查认为，B公司《投标文件》中仅提交了S-900型号足球的国际足联(FIFA)认证证书，而投标产品为S-780型4号或5号球，不满足某校园体育器材采购项目《采购答疑公告》中规定的加分条件，获加4分属评标委员会未按照《招标文件》的评审标准进行评审，应予以修正。鉴于B公司最终得分扣除4分后，仍为排序第1，并不改变中标结果。公管局最终维持了B公司的中标资格；但对未尽审慎评标职责的评标委员会成员进行了必要的问责处理。

【工作启示】

我国的法律法规已经明确规定了公共资源交易招投标活动的程序和原则，参与各方主体包括项目评标委员会及其相关评标专家，均应严格遵守规则，恪守职责要求，不得变换各种借口或方式，违反相关法律法规。在实际工作中，招标投标活动具有一次性特点，评标委员会一旦犯错，将会给公共资源交易活动和公共资源交易市场的公信力带来负面影响和严重后果。

案例 33

行业协会颁发荣誉证书不应认定得分案

【基本案情】

2017 年 2 月，A 公司向公管局投诉，反映某保洁项目的中标人 B 公司投标时提供的企业荣誉颁发单位为行业协会，不是招标文件规定的行业主管部门，不符合招标文件得分要求，要求公管局进行处理。

公管局调查发现，该保洁项目《招标文件》规定“投标人获得市级及以上行业主管部门‘先进单位’等类似荣誉称号的得 5 分，区级的得 2.5 分”。B 公司在其《投标文件》中提供的《企业荣誉证书》为某行业协会颁发，评标委员会评标时对该证书予以加分。但该行业协会并非《招标文件》规定的行业主管部门，该行业协会颁发的《荣誉证书》不符合前述项目《招标文件》规定要求，不应得分。

【焦点评析】

目前部分行业协会承载了行业主管部门的部分职能，其颁发的荣誉证书能否视为行业主管部门颁发的证书？

该项目招标文件规定投标人获得行业主管部门荣誉称号的予以得分，但行业协会并非法律法规授权的组织，仅为接受行业主管部门委托代为办理某些事务，其作出的结论须在得到行业主管部门的认可并加盖公章后，方能视为行业主管部门作出的结论。在本案中，由被委托的行业协会单独作出的结论应被视为未经行业主管部门认可，其颁发的证书不能视为行业主管部门颁发的证书。

【处理结果】

公管局认为，该保洁项目《招标文件》规定，投标提供的投标人荣誉应由行业主管部门颁发，但B公司《投标文件》提供的《荣誉证书》的颁发单位为行业协会，不符合《招标文件》规定，不应得分。评标委员对行业协会颁发的《荣誉证书》给予得分的评定，系未按照《招标文件》规定的评标标准和方法评标。依据《中华人民共和国招标投标法实施条例》第七十一条，公管局作出责令本项目评标委员会对不按照招标文件规定的评标标准和方法评标的行为予以改正的处理决定。

【工作启示】

目前的确存在部分行业协会担负行业主管部门部分职能的

情形。例如：鲁班奖（国家优质工程）证书的颁发单位为中国建筑业协会，琥珀杯（合肥市优质工程）证书的颁发单位为合肥市城乡建设委员会和合肥市建筑业协会。此类权威证书在招标投标时一般应予以认可并加分。现实情况是，不少非正规行业协会，既没有取得政府行业部门的授权，也未规范评优评奖的具体流程，开展评奖的目的主要是追逐不正当利益。因此，此类非正规协会颁发的获奖证书不应作为评标得分的依据。招标代理机构对涉及奖项加分的项目招标时，应进一步严格界定认可的奖项来源，确保招标活动严肃规范。

案例 34

评标委员会无正当理由否决投标案

【基本案情】

2016年12月，A公司向公管局投诉，反映某招标代理机构在某道路改造及绿化工程招标中违规评标，要求公管局处理。

公管局调查发现，该道路改造及绿化工程《招标文件》要求工程质量标准为“合格”；“温馨提示”要求“本工程需获得合肥市广玉兰奖”；同时要求投标人在《商务标投标函》中承诺，按本招标文件、施工图纸、合同条款和工程建设技术标准的条件，承担上述工程的施工、竣工，并承担任何质量缺陷保修责任。本案投诉人A公司《投标文件》“技术标工程概况”部分注明“质量目标合格，创合肥市广玉兰奖”，并在《商务标投标函》中按《招标文件》要求作出相应承诺。评标委员会在评审时认为投标人应在《投标文件》中作出确保获得广玉兰奖的说明，对于创奖的承诺不认为能确保项目获奖，因此认定A公司未实质性响应招标文件要求，判定A公司商务标评审不通过。

该项目招标代理机构接受公管局调查时回复称：《招标文件》所述“需获得合肥市广玉兰奖”不属于对报价、工期、质量标准的要求，而是中标后对合同履约的要求；该奖项非中标必要条件，未要求投标人在《投标文件》中作特别承诺。

【焦点评析】

评委会否决投标人投标是否有理有据？

该道路改造及绿化工程《招标文件》已就《商务标投标函》的填写有具体要求，而A公司在《投标文件》的《商务标投标函》中已经按要求作出“按本招标文件、施工图纸、合同条款和工程建设技术标准的条件，承担上述工程的施工、竣工”的承诺，故应当视为该公司《投标文件》已对《招标文件》构成响应。评标委员会评审认为A公司《投标文件》的“技术标工程概况”注明“创合肥市广玉兰奖”，不是“获得合肥市广玉兰奖”，以此认定A公司的《投标文件》未实质性响应《招标文件》要求、商务标评审不通过，系未按照《招标文件》规定的评标标准和方法评标。

【处理结果】

公管局调查认为：获得“广玉兰奖”属于对投标人中标后的合同履约要求，并不是需要评审的实质性要求，评标委员会认为A公司未响应获得“广玉兰奖”的要求，判定A公司投标无效，不符合《招标文件》关于投标无效的规定。依据《中华人民共和国招标投标法实施条例》第七十一条规定，公管局作出责令该道路改造及绿化工程评标委员会对不按照《招标文件》规定的评标标准和方法评标的行为予以改正的处理决定。

【工作启示】

《招标文件》是招标采购活动的“指挥棒”，评标委员会应严格按照《招标文件》的规定进行评审，特别是对投标无效的判定必须审慎决定，务必做到有理有据，不能想当然，更不能随意而为，损害投标人的切身利益。

第五部分
关于其他行为的执法案例

在公共资源交易监督管理和执法工作中，不仅要面对各方交易主体的一般违法行为，还会经常遇到某些个性案例。包括因对法律条款理解争议引起的投诉，以及快速变化的市场行为带来的民事责任归属问题，还有执法机关执法程序不规范引起的执法纠纷，等等。认真研究总结个性案例，举一反三实现源头防范，是监管机构不断提高监管执法能力的重要举措。

案例 35

投标人项目经理“人证分离”案

【基本案情】

2016 年 10 月，公管局接到某投诉人投诉，反映 A 公司参加某工程监理项目投标的项目总监业绩造假，要求公管局取消 A 公司中标资格。

公管局调查发现，A 公司参加该工程监理项目投标拟派的项目经理为王某，投标业绩为甲监理项目，并附了甲监理项目《监理合同》和《监理业务手册》，载明该项目总监为王某。

公管局经向有关建设行业主管部门协查核实，甲监理项目合同实施期间，王某注册执业单位为 B 公司，并非 A 公司。

【焦点评析】

项目总监在非执业注册单位的业绩能否作为该单位业绩或者该项目总监的业绩？

《注册监理工程师管理规定》（中华人民共和国建设部令第

147号)第十七条规定:“取得资格证书的人员,应当受聘于一个具有建设工程勘察、设计、施工、监理、招标代理、造价咨询等一项或者多项资质的单位,经注册后方可从事相应的执业活动。从事工程监理执业活动的,应当受聘并注册于一个具有工程监理资质的单位。”第二十六条规定:“(八)不得同时在两个或者两个以上单位受聘或者执业;(九)在规定的执业范围和聘用单位业务范围内从事执业活动。”

在本案中,甲监理项目为A公司实施,A公司在实施过程中任命王某为该项目的项目总监并与业主方签订了监理合同,王某按总监职责参与全过程管理。但是王某在项目实施期间,注册执业单位并非A公司而是B公司,其受聘于A公司担任项目总监的行为违反了《注册监理工程师管理规定》,因此该业绩可以认定为A公司的业绩,但不能认定为王某的执业业绩。

【处理结果】

公管局调查认为,A公司参加某监理项目投标,提交了王某担任项目总监的甲项目监理业绩,但该业绩不能作为王某在A公司的执业业绩,A公司提交的拟派项目总监业绩不满足前述项目《招标文件》要求。根据《中华人民共和国招标投标法》第二十六条、《中华人民共和国招标投标法实施条例》第八十二条和《工程建设项目招标投标活动投诉处理办法》第二十条第二项之规定,公管局作出A公司在某监理项目中标无效的处理决定。

【工作启示】

该案例暴露出建筑行业中普遍存在的“人证分离”现象，这与项目实施过程中各部门、各地区尚未建立起统一有效的信息采集和共享机制，彼此之间存在着信息壁垒有关。各行业各地方都有着各自的信息发布系统，对项目的招投标情况、施工许可情况、实施进度以及涉及的不良行为处理进行披露，但各成一体、彼此分离、难以共享，造成监管部门无法有效鉴别交易对象能力和诚信的真实状况，给某些不良单位以可乘之机。

要根治此类问题，各行业部门、各地区应重视抓好信息采集、数据整理的基础性工作，并建立起行之有效的信息共享机制，实现以单位查项目、以项目查单位功能。随着我国信息化程度的不断提高，相信监管部门终将告别“纸上监督”的窘境，让弄虚作假者无处遁逃。

案例36

投标人使用"无效"证书投标案

【基本案情】

2016年6月,公管局接到A公司投诉,反映在某中学餐桌椅采购项目中,B公司提供的ISO9001质量管理体系和ISO14001环境管理体系认证证书不符合招标文件要求,理由是未在国家认监委网站查询到上述两证书。要求公管局取消B公司的中标资格。

公管局调查发现,B公司参加某中学餐桌椅采购项目《投标文件》提供了ISO9001质量管理体系和ISO14001环境管理体系认证证书复印件,发证单位为某国际标准认证中心。该证书在中国信用网可以查询到,但在国家认证委网站上查询不到。

公管局经向ISO体系证书管理部门国家认监委核实,B公司获得的质量管理体系和环境管理体系认证证书的发证机构某国际标准认证中心不是经国家认监委批准的合法认证机构,该机构向中国企业颁发的认证证书无效。

【焦点分析】

B公司使用无效的ISO体系证书进行投标，是否构成提供虚假材料谋取中标、成交？

根据《中华人民共和国认证认可条例》第九条规定："取得认证机构资质，应当经国务院认证认可监督管理部门批准，并在批准范围内从事认证活动。未经批准，任何单位和个人不得从事认证活动。"B公司投标文件中提供的ISO体系证书确实为某国际标准认证中心为其办理，证书真实存在，但某国际标准认证中心非国家认监委批准的合法机构，其颁发的证书无效。因此，在本案中，只能认定B公司在某中学餐桌椅采购项目投标中使用的证书无效，不满足《招标文件》规定的投标人资格要求，而不能判定B公司上述行为属于提供虚假材料谋求中标、成交。

【处理结果】

公管局调查认为，该中学餐桌椅采购项目《招标文件》投标人资格要求具有ISO9001质量管理体系和ISO14001环境管理体系认证证书，B公司虽然在《投标文件》中提供了两项证书，但属于无效证书，根据《中华人民共和国政府采购法实施条例》第七十一条第一款第二项和第二款之规定，公管局作出B公司在该中学餐桌椅采购项目中标无效的处理决定。

【工作启示】

本案中B公司在投标时未对ISO体系认证相关规定进行研

究，也未意识到 ISO 体系证书本身可能存在的合法和有效性问题，采用了无效的 ISO 体系证书进行投标，结果被取消中标资格。因此，无论是招标代理机构制定采购文件还是供应商制作投标文件时，都应深入了解采购项目特点，对一些涉及特殊行业的条款，一定要多想、多问、多了解，不能将视线局限在政府采购法律法规上，对特殊行业的相关规定也要加以关注，否则可能会造成采购活动或投标活动的失败，带来不必要的损失。

案例37

投诉人争议“重大违法记录”案

【基本案情】

2017年1月，A公司向公管局投诉，反映某采购代理机构受理B公司质疑A公司存在重大违法记录，并组织评标委员会复议取消A公司在某定点单位政府采购项目的中标资格。投诉人A公司认为采购代理机构和前述项目评标委员会上述行为违法，要求公管局恢复其中标资格。

公管局调查发现，2016年11月某日，该定点单位政府采购项目经评标委员会评审，确定本案投诉人A公司为中标人。公示期间，B公司向采购代理机构提出质疑，反映A公司投标文件《无重大违法记录声明函》内容不属实；A公司于2015年12月被某市环保局处以7万元罚款的行政处罚，截至2016年11月22日该定点单位采购项目开标时，上述行政处罚决定未被撤销、变更；12月8日，经评标委员会复议，取消了A公司的中标资格。

【焦点分析】

何为“重大违法记录”？

《中华人民共和国政府采购法》规定的供应商投标资格条件之一：“参加政府采购活动前三年内，在经营活动中没有重大违法记录。”何为“重大违法记录”，《中华人民共和国政府采购法实施条例》作出了明确说明：供应商因违法经营受到刑事处罚或者责令停产停业、吊销许可证或者执照、较大数额罚款等行政处罚。其中，有关刑事处罚、责令停产停业、吊销许可证或执照等处罚，实践中争议较少，也较容易把握，但多大数额才能称之为“较大数额罚款”，在政府采购法律法规体系中并未作清晰界定。

从执法实践看，界定“较大数额罚款”，可以借鉴《中华人民共和国行政处罚法》及配套规定。其规定“行政机关作出较大数额罚款等行政处罚决定之前，应当告知当事人有要求举行听证的权利”，也就是说，一旦针对罚款数额，当事人有要求举行听证的权利，即可认定为“较大数额罚款”。此外，《安徽省行政处罚听证程序规定》中规定：“行政机关作出责令停产停业、吊销许可证或者执照、较大数额罚款等行政处罚决定之前，应当告知当事人有要求举行听证的权利；当事人要求听证的，该行政机关应当组织听证。前款中较大数额罚款是指对公民处以 1000 元以上的罚款，对法人或其他组织处以 10000 元以上的罚款。国家有关部门对较大数额罚款已有规定的，从其规定。”该条款明确对较大数额罚款的范围进行了界定。

【处理结果】

公管局调查认为，该项目采购代理机构受理B公司针对A公司存在重大违法记录的质疑符合法律规定，项目评标委员会作出取消A公司中标资格的决定并无不当。根据《政府采购供应商投诉处理办法》第十七条第二项的规定，公管局作出驳回A公司的投诉的处理决定。

【工作启示】

随着《中华人民共和国政府采购法实施条例》等一系列法律规范的施行，政府采购进入全面深化改革的新阶段，政府信息越来越公开透明，社会诚信体系也正在逐步形成。《中华人民共和国政府采购法实施条例》对“重大违法记录”的清晰界定，即是遵循诚实信用原则和深化改革思想下作出的重要举措。

政府有关部门应当加快各行政管理部门征信信息的联网工作，建立统一公开的社会诚信体系，加大对违法违规行为的处罚和曝光力度，让失信者无处藏身。同时，采购人及采购代理机构应当按照《中华人民共和国政府采购法实施条例》对“重大违法记录”的认定标准，加强对投标供应商的资格审核工作。此外，政府采购供应商应当诚信经营，避免产生重大违法记录，以企业实力和良好的信誉谋取政府采购的一席之地。

案例 38

投诉人对招标文件阅读理解有误案

【基本案情】

2016 年 10 月，公管局接到 A 公司投诉，反映某县电梯采购与安装项目评标委员会存在未按《招标文件》规定的标准评标问题，要求公管局调查处理。

公管局调查发现，该电梯采购与安装项目《招标文件》要求投标人“持特种设备作业证上岗人员达到 80 人及以上的得 3 分；达到 60 人及以上，低于 80 人的得 2 分；低于 60 人的得 1 分；低于 40 人不得分。所有评审指标中涉及相关证明材料均须在技术标中提供，未在技术标中提供的，评委会可不予认可”。本案投诉人 A 公司《投标文件》中提供了 80 人以上持特种设备作业证人员目录及为其缴纳的社保证明复印件，但提供的特种设备作业证证书复印件的数量未达到得分要求下限。评审委员会经评审，一致认为 A 公司此项不得分。

【焦点评析】

对于《招标文件》评标办法打分项有歧义的如何认定?

公管局调查发现,A公司对《招标文件》打分项理解有误,归根结底是该公司未能认真仔细阅读《招标文件》,只是片面理解《招标文件》内容。根据A公司的投诉,调查人员认真查阅了该项目的《招标文件》《投标文件》《评标报告》等资料,发现评标委员会对所有投标人按照统一标准给予评分,不存在有失公平的事项。

【处理结果】

公管局调查认为,投诉人A公司《投标文件》未提供40人及以上制造商某市内直属分公司持特种设备作业证上岗人员的证书复印件或影印件,根据《招标文件》规定,所有评审指标中涉及相关证明材料均须在技术标中提供,未在技术标中提供的,评委会可不予认可。因此,该项目评标委员会评审结论并无不当。根据《政府采购供应商投诉处理办法》第十七条第二项的规定,公管局作出驳回A公司的投诉的处理决定。

【工作启示】

在本案中,A公司主要反映评标委员会没有按照《招标文件》要求给分,认为按照评分项提供相关资料,评委会就应该给分。办案人员刚拿到案件时,觉得该公司诉求有一定合理性,经调阅相关招投标资料,首先查明并非评标委员会责任,后又反复阅读

《招标文件》发现，是该公司对《招标文件》内容没有完全理解，在《投标文件》中没有附上相关证件，导致没有中标，究其原因，还是因为投标人工作失误造成的。通过此次案件的处理，执法人员体会到在办理案件时一定要透过现象去看本质，只有理清思路，细致考虑，才能把涉诉案件理明白、查清楚，作出公正的处理决定。

案例 39

公司合并或分立业绩使用争议案

【基本案情】

2017 年 3 月，公管局接到 A 公司投诉，反映某建设工程招标项目的中标人 B 公司吸收合并的全资子公司 C 公司在近三年内有不良行为记录，不符合《招标文件》的投标人资格要求；同时，B 公司在投标时使用了 C 公司的业绩作为其投标业绩，不符合《招标文件》的得分要求。投诉人要求公管局依法取消 B 公司的中标资格或按照其实际业绩重新调整业绩得分。

公管局调查发现，C 公司在本项目开标前一年已被 B 公司吸收合并，C 公司在被合并后已办理营业执照注销登记手续。

【焦点评析】

母、子公司的业绩在投标时能否互用？

母、子公司都是独立法人，业绩不能彼此套用。在实践中只有一种情况例外，即子公司在母公司独立之前，是母公司的一个部门且承担有相关业绩，该业绩被带入子公司（与此同时母公司不得再使用该业绩）。

针对被吸收合并(因而注销)的公司的行政处罚，新公司是否要承担？

对此，要根据行政处罚类型，区别对待，属于罚款类的，当然要承担；但是，属于被吸收合并企业原有不良行为记录的，是针对该特定企业的，随该企业被注销而消失，不能因为吸收合并，而使不良行为记录被放大到整个新企业。

【处理结果】

公管局认为，本项目《招标文件》规定“投标人在最近三年内没有骗取中标，且未被限制投标或处在被责令停业整顿状态”，C公司已被B公司吸收合并，C公司的企业法人资格已注销，C公司注销后，其不良行为记录因承载主体的注销而随之灭失，不应由存续公司承继；《中华人民共和国公司法》规定，公司合并时，合并各方的债权、债务，应当由合并后存续的公司或者新设的公司承继，C公司在被吸收合并前所签订的施工合同，在合并后由B公司继续履行，该合同规定的权利、义务关系应属于公司法规定的债权、债务范畴。评标委员会判定B公司提交的C公司业绩符合《招标文件》得分要求的决定并无不当。依据《工程建设项目招标投标活动投诉处理办法》第二十条第一项的规定，公管局作出以下处理决定：驳回A公司的投诉。

【工作启示】

在市场经济条件下，公司合并、分立的现象较多，招标代理机构在制订招标文件时应与时俱进，在招标文件中对公司合并、分立前的业绩作出具体规定，控制评委的自由裁量权，也可避免不必要的投诉。

案例 40

执法机构受理投诉案件程序不当案

【基本案情】

某轮椅车采购项目采用公开招标方式，2015 年 4 月 1 日经评审确定 A 公司为预中标人并进行公示，后该公司因在投标文件中提供虚假材料被取消预中标资格，由 B 公司递补为预中标人并进行公示。

2015 年 4 月 22 日，A 公司向采购代理机构提出质疑，采购代理机构在规定时间内给予了回复。2015 年 7 月 15 日，A 公司从江苏某地给公管局寄来 EMS 快件，快件附有对 B 公司的投诉材料，落款日均为 2015 年 5 月 20 日。公管局执法人员收到后，认为不符合受理条件，且前期已经受理案件质疑，并进行了处理，遂作拒收退回处理。

2015 年 8 月 17 日，A 公司向某区人民法院提出行政诉讼，认为公管局不履行法定职责。

【焦点评析】

对于明显超过法定投诉期限并采用非常规方式送达的投诉件是否需要履行告知程序？

国务院颁发的《全面推进依法行政实施纲要》中将“程序正当”列为依法行政的基本要求，并明确规定“行政机关实施行政管理要严格遵循法定程序，依法保障行政管理相对人、利害关系人的知情权、参与权和救济权”。《政府采购供应商投诉处理办法》第七条规定“供应商认为采购文件、采购过程、中标和成交结果使自己的合法权益受到损害的，可以在答复期满后15个工作日内向同级财政部门提起投诉”；该办法第十条规定了投诉人提起投诉应当符合的条件，其中之一为“在投诉有效期限内提起投诉”；该办法第十一条规定“投诉不符合其他条件的，书面告知投诉人不予受理，并应当说明理由”。在本案中，A公司对采购代理机构作出的答复不满意，向同级政府采购监督管理部门提出投诉，虽然该投诉已明显超过投诉有效期，属于不予受理范围，但作为经办人员应按规定程序予以书面答复，而不应一拒了之。

【处理结果】

法院审理认为，执法监督机构无论对投诉事项作出何种处理决定，均应以积极作为方式加以表现，亦即应以书面形式作出行政决定，给予投诉人明确答复，并说明响应理由，而不能仅以拒收邮件这一消极不作为方式予以对待，因此判决要求执法监督机构就A公司提出的投诉自判决生效之日起两个月内履行法定职责。随后，公管局对A公司于2015年7月15日通过EMS寄送本机构关于某轮椅车采购项目的投诉作出不予受理决定书，并将该决定书通过EMS送达A公司。之后，A公司就该《不予受理通知决定书》向法院起诉，被法院驳回。

【工作启示】

随着我国依法治国进程不断加快，法律知识的不断普及，行政管理相对人的法律意识、维权意识也在不断提高，在公共资源交易活动中的投诉纠纷越来越多，而执法人员数量不足和程序意识不强导致了在行政执法过程中执法不规范的现象时有发生，如执法调查时仅一人或调查人员无执法证等，一旦发生行政诉讼，极易因上述问题导致败诉。这就要求每一个行政执法人员要牢固树立“程序正当的权力才是正当权力”的意识，不断加强理论业务学习，特别是法律知识的学习，规范行政执法行为，提高行政执法水平，增强正确履职意识，从源头上减少不必要的行政纠纷。

附　录

中华人民共和国招标投标法

中华人民共和国主席令第二十一号

（第九届全国人大常务委员会第 11 次会议于
1999 年 8 月 30 日通过并公布，自 2000 年 1 月 1 日起施行）

第一章 总则

第一条 为了规范招标投标活动,保护国家利益、社会公共利益和招标投标活动当事人的合法权益,提高经济效益,保证项目质量,制定本法。

第二条 在中华人民共和国境内进行招标投标活动,适用本法。

第三条 在中华人民共和国境内进行下列工程建设项目包括项目的勘察、设计、施工、监理以及与工程建设有关的重要设备、材料等的采购,必须进行招标:

(一)大型基础设施、公用事业等关系社会公共利益、公众安全的项目;

(二)全部或者部分使用国有资金投资或者国家融资的项目;

(三)使用国际组织或者外国政府贷款、援助资金的项目。

前款所列项目的具体范围和规模标准,由国务院发展计划部门会同国务院有关部门制订,报国务院批准。

法律或者国务院对必须进行招标的其他项目的范围有规定的,依照其规定。

第四条 任何单位和个人不得将依法必须进行招标的项目化整为零或者以其他任何方式规避招标。

第五条 招标投标活动应当遵循公开、公平、公正和诚实信用的原则。

第六条 依法必须进行招标的项目,其招标投标活动不受地区或者部门的限制。任何单位和个人不得违法限制或者排斥本地区、本系统以外的法人或者其他组织参加投标，不得以任何方式非法干涉招标投标活动。

第七条 招标投标活动及其当事人应当接受依法实施的监督。

有关行政监督部门依法对招标投标活动实施监督，依法查处招标投标活动中的违法行为。

对招标投标活动的行政监督及有关部门的具体职权划分，由国务院规定。

第二章 招 标

第八条 招标人是依照本法规定提出招标项目、进行招标的法人或者其他组织。

第九条 招标项目按照国家有关规定需要履行项目审批手续的，应当先履行审批手续，取得批准。

招标人应当有进行招标项目的相应资金或者资金来源已经落实，并应当在招标文件中如实载明。

第十条 招标分为公开招标和邀请招标。

公开招标，是指招标人以招标公告的方式邀请不特定的法人或者其他组织投标。

邀请招标，是指招标人以投标邀请书的方式邀请特定的法人或者其他组织投标。

第十一条 国务院发展计划部门确定的国家重点项目和省、自治区、直辖市人民政府确定的地方重点项目不适宜公开招标的，经国务院发展计划部门或者省、自治区、直辖市人民政府批准，可以进行邀请招标。

第十二条 招标人有权自行选择招标代理机构，委托其办理招标事宜。任何单位和个人不得以任何方式为招标人指定招标代理机构。

招标人具有编制招标文件和组织评标能力的，可以自行办理招标事宜。任何单位和个人不得强制其委托招标代理机构办理招标事宜。

依法必须进行招标的项目，招标人自行办理招标事宜的，应当向有关行政监督部门备案。

第十三条 招标代理机构是依法设立、从事招标代理业务并提供相关服务的社会中介组织。

招标代理机构应当具备下列条件：

（一）有从事招标代理业务的营业场所和相应资金；

（二）有能够编制招标文件和组织评标的相应专业力量；

（三）有符合本法第三十七条第三款规定条件、可以作为评标委员会成员人选的技术、经济等方面的专家库。

第十四条 从事工程建设项目招标代理业务的招标代理机构，其资格由国务院或者省、自治区、直辖市人民政府的建设行政主管部门认定。具体办法由国务院建设行政主管部门会同国务院有关部门制定。从事其他招标代理业务的招标代理机构，其资格认定的主管部门由国务院规定。

招标代理机构与行政机关和其他国家机关不得存在隶属关系或者其他利益关系。

第十五条 招标代理机构应当在招标人委托的范围内办理

招标事宜，并遵守本法关于招标人的规定。

第十六条 招标人采用公开招标方式的，应当发布招标公告。依法必须进行招标的项目的招标公告，应当通过国家指定的报刊、信息网络或者其他媒介发布。

招标公告应当载明招标人的名称和地址、招标项目的性质、数量、实施地点和时间以及获取招标文件的办法等事项。

第十七条 招标人采用邀请招标方式的，应当向3个以上具备承担招标项目的能力、资信良好的特定的法人或者其他组织发出投标邀请书。

投标邀请书应当载明本法第十六条第二款规定的事项。

第十八条 招标人可以根据招标项目本身的要求，在招标公告或者投标邀请书中，要求潜在投标人提供有关资质证明文件和业绩情况，并对潜在投标人进行资格审查；国家对投标人的资格条件有规定的，依照其规定。

招标人不得以不合理的条件限制或者排斥潜在投标人，不得对潜在投标人实行歧视待遇。

第十九条 招标人应当根据招标项目的特点和需要编制招标文件。招标文件应当包括招标项目的技术要求、对投标人资格审查的标准、投标报价要求和评标标准等所有实质性要求和条件以及拟签订合同的主要条款。

国家对招标项目的技术、标准有规定的，招标人应当按照其规定在招标文件中提出相应要求。

招标项目需要划分标段、确定工期的，招标人应当合理划分标段、确定工期，并在招标文件中载明。

第二十条 招标文件不得要求或者标明特定的生产供应者以及含有倾向或者排斥潜在投标人的其他内容。

第二十一条 招标人根据招标项目的具体情况,可以组织潜在投标人踏勘项目现场。

第二十二条 招标人不得向他人透露已获取招标文件的潜在投标人的名称、数量以及可能影响公平竞争的有关招标投标的其他情况。

招标人设有标底的,标底必须保密。

第二十三条 招标人对已发出的招标文件进行必要的澄清或者修改的,应当在招标文件要求提交投标文件截止时间至少15日前,以书面形式通知所有招标文件收受人。该澄清或者修改的内容为招标文件的组成部分。

第二十四条 招标人应当确定投标人编制投标文件所需要的合理时间;但是,依法必须进行招标的项目,自招标文件开始发出之日起至投标人提交投标文件截止之日止,最短不得少于20日。

第三章 投 标

第二十五条 投标人是响应招标、参加投标竞争的法人或者其他组织。

依法招标的科研项目允许个人参加投标的,投标的个人适用本法有关投标人的规定。

第二十六条 投标人应当具备承担招标项目的能力;国家有关规定对投标人资格条件或者招标文件对投标人资格条件有规

定的，投标人应当具备规定的资格条件。

第二十七条 投标人应当按照招标文件的要求编制投标文件。投标文件应当对招标文件提出的实质性要求和条件作出响应。

招标项目属于建设施工的，投标文件的内容应当包括拟派出的项目负责人与主要技术人员的简历、业绩和拟用于完成招标项目的机械设备等。

第二十八条 投标人应当在招标文件要求提交投标文件的截止时间前，将投标文件送达投标地点。招标人收到投标文件后，应当签收保存，不得开启。投标人少于3个的，招标人应当依照本法重新招标。

在招标文件要求提交投标文件的截止时间后送达的投标文件，招标人应当拒收。

第二十九条 投标人在招标文件要求提交投标文件的截止时间前，可以补充、修改或者撤回已提交的投标文件，并书面通知招标人。补充、修改的内容为投标文件的组成部分。

第三十条 投标人根据招标文件载明的项目实际情况，拟在中标后将中标项目的部分非主体、非关键性工作进行分包的，应当在投标文件中载明。

第三十一条 两个以上法人或者其他组织可以组成一个联合体，以一个投标人的身份共同投标。

联合体各方均应当具备承担招标项目的相应能力；国家有关规定或者招标文件对投标人资格条件有规定的，联合体各方均应当具备规定的相应资格条件。由同一专业的单位组成的联合体，按照资质等级较低的单位确定资质等级。

联合体各方应当签订共同投标协议，明确约定各方拟承担的工作和责任，并将共同投标协议连同投标文件一并提交招标人。联合体中标的，联合体各方应当共同与招标人签订合同，就中标项目向招标人承担连带责任。

招标人不得强制投标人组成联合体共同投标，不得限制投标人之间的竞争。

第三十二条 投标人不得相互串通投标报价，不得排挤其他投标人的公平竞争，损害招标人或者其他投标人的合法权益。

投标人不得与招标人串通投标，损害国家利益、社会公共利益或者他人的合法权益。

禁止投标人以向招标人或者评标委员会成员行贿的手段谋取中标。

第三十三条 投标人不得以低于成本的报价竞标，也不得以他人名义投标或者以其他方式弄虚作假，骗取中标。

第四章 开标、评标和中标

第三十四条 开标应当在招标文件确定的提交投标文件截止时间的同一时间公开进行；开标地点应当为招标文件中预先确定的地点。

第三十五条 开标由招标人主持，邀请所有投标人参加。

第三十六条 开标时，由投标人或者其推选的代表检查投标文件的密封情况，也可以由招标人委托的公证机构检查并公证；经确认无误后，由工作人员当众拆封，宣读投标人名称、投标价格和投标文件的其他主要内容。

招标人在招标文件要求提交投标文件的截止时间前收到的所有投标文件,开标时都应当当众予以拆封、宣读。

开标过程应当记录,并存档备查。

第三十七条 评标由招标人依法组建的评标委员会负责。

依法必须进行招标的项目,其评标委员会由招标人的代表和有关技术、经济等方面的专家组成,成员人数为 5 人以上单数,其中技术、经济等方面的专家不得少于成员总数的 2/3。

前款专家应当从事相关领域工作满 8 年并具有高级职称或者具有同等专业水平,由招标人从国务院有关部门或者省、自治区、直辖市人民政府有关部门提供的专家名册或者招标代理机构的专家库内的相关专业的专家名单中确定;一般招标项目可以采取随机抽取方式,特殊招标项目可以由招标人直接确定。

与投标人有利害关系的人不得进入相关项目的评标委员会;已经进入的应当更换。

评标委员会成员的名单在中标结果确定前应当保密。

第三十八条 招标人应当采取必要的措施,保证评标在严格保密的情况下进行。任何单位和个人不得非法干预、影响评标的过程和结果。

第三十九条 评标委员会可以要求投标人对投标文件中含义不明确的内容作必要的澄清或者说明,但是澄清或者说明不得超出投标文件的范围或者改变投标文件的实质性内容。

第四十条 评标委员会应当按照招标文件确定的评标标准和方法,对投标文件进行评审和比较;设有标底的,应当参考标底。评标委员会完成评标后，应当向招标人提出书面评标报告，并推荐合格的中标候选人。

招标人根据评标委员会提出的书面评标报告和推荐的中标候选人确定中标人。招标人也可以授权评标委员会直接确定中标人。

国务院对特定招标项目的评标有特别规定的，从其规定。

第四十一条 中标人的投标应当符合下列条件之一：

（一）能够最大限度地满足招标文件中规定的各项综合评价标准；

（二）能够满足招标文件的实质性要求，并且经评审的投标价格最低；但是投标价格低于成本的除外。

第四十二条 评标委员会经评审，认为所有投标都不符合招标文件要求的，可以否决所有投标。

依法必须进行招标的项目的所有投标被否决的，招标人应当依照本法重新招标。

第四十三条 在确定中标人前，招标人不得与投标人就投标价格、投标方案等实质性内容进行谈判。

第四十四条 评标委员会成员应当客观、公正地履行职务，遵守职业道德，对所提出的评审意见承担个人责任。

评标委员会成员不得私下接触投标人，不得收受投标人的财物或者其他好处。

评标委员会成员和参与评标的有关工作人员不得透露对投标文件的评审和比较、中标候选人的推荐情况以及与评标有关的其他情况。

第四十五条 中标人确定后，招标人应当向中标人发出中标通知书，并同时将中标结果通知所有未中标的投标人。

中标通知书对招标人和中标人具有法律效力。中标通知书发出后，招标人改变中标结果的，或者中标人放弃中标项目的，应当依法承担法律责任。

第四十六条 招标人和中标人应当自中标通知书发出之日起三十日内，按照招标文件和中标人的投标文件订立书面合同。招标人和中标人不得再行订立背离合同实质性内容的其他协议。

招标文件要求中标人提交履约保证金的，中标人应当提交。

第四十七条 依法必须进行招标的项目，招标人应当自确定中标人之日起15日内，向有关行政监督部门提交招标投标情况的书面报告。

第四十八条 中标人应当按照合同约定履行义务，完成中标项目。中标人不得向他人转让中标项目，也不得将中标项目肢解后分别向他人转让。

中标人按照合同约定或者经招标人同意，可以将中标项目的部分非主体、非关键性工作分包给他人完成。接受分包的人应当具备相应的资格条件，并不得再次分包。

中标人应当就分包项目向招标人负责，接受分包的人就分包项目承担连带责任。

第五章 法律责任

第四十九条 违反本法规定，必须进行招标的项目而不招标的，将必须进行招标的项目化整为零或者以其他任何方式规避招标的，责令限期改正，可以处项目合同金额5‰以上10‰以下的罚款；对全部或者部分使用国有资金的项目，可以暂停项目执行或者暂停资金拨付；对单位直接负责的主管人员和其他直接责任人员依法给予处分。

第五十条 招标代理机构违反本法规定，泄露应当保密的与招标投标活动有关的情况和资料的，或者与招标人、投标人串通损害国家利益、社会公共利益或者他人合法权益的，处5万元以上25万元以下的罚款，对单位直接负责的主管人员和其他直接责任人员处单位罚款数额5%以上10%以下的罚款；有违法所得的，并处没收违法所得；情节严重的，暂停直至取消招标代理资格；构成犯罪的，依法追究刑事责任。给他人造成损失的，依法承担赔偿责任。

前款所列行为影响中标结果的，中标无效。

第五十一条 招标人以不合理的条件限制或者排斥潜在投标人的，对潜在投标人实行歧视待遇的，强制要求投标人组成联合体共同投标的，或者限制投标人之间竞争的，责令改正，可以处1万元以上5万元以下的罚款。

第五十二条 依法必须进行招标的项目的招标人向他人透露已获取招标文件的潜在投标人的名称、数量或者可能影响公平竞争的有关招标投标的其他情况的，或者泄露标底的，给予警告，可以并处1万元以上10万元以下的罚款；对单位直接负责的主管人员和其他直接责任人员依法给予处分；构成犯罪的，依法追究刑事责任。

前款所列行为影响中标结果的，中标无效。

第五十三条 投标人相互串通投标或者与招标人串通投标的，投标人以向招标人或者评标委员会成员行贿的手段谋取中标的，中标无效，处中标项目金额5‰以上10‰以下的罚款，对单位直接负责的主管人员和其他直接责任人员处单位罚款数额5%以上10%以下的罚款；有违法所得的，并处没收违法所得；情节严重的，取消其1年至2年内参加依法必须进行招标的项目的投标资格并予以公告，直至由工商行政管理机关吊销营业执照；构成犯罪的，依法追究刑事责任。给他人造成损失的，依法承担赔偿责任。

第五十四条 投标人以他人名义投标或者以其他方式弄虚作假，骗取中标的，中标无效，给招标人造成损失的，依法承担赔偿责任；构成犯罪的，依法追究刑事责任。

依法必须进行招标的项目的投标人有前款所列行为尚未构成犯罪的，处中标项目金额5‰以上10‰以下的罚款，对单位直接负责的主管人员和其他直接责任人员处单位罚款数额5%以上10%以下的罚款；有违法所得的，并处没收违法所得；情节严重的，取消其1年至3年内参加依法必须进行招标的项目的投标资格并予以公告，直至由工商行政管理机关吊销营业执照。

第五十五条 依法必须进行招标的项目，招标人违反本法规定，与投标人就投标价格、投标方案等实质性内容进行谈判的，给予警告，对单位直接负责的主管人员和其他直接责任人员依法给予处分。

前款所列行为影响中标结果的，中标无效。

第五十六条 评标委员会成员收受投标人的财物或者其他

好处的，评标委员会成员或者参加评标的有关工作人员向他人透露对投标文件的评审和比较、中标候选人的推荐以及与评标有关的其他情况的，给予警告，没收收受的财物，可以并处3千元以上5万元以下的罚款，对有所列违法行为的评标委员会成员取消担任评标委员会成员的资格，不得再参加任何依法必须进行招标的项目的评标；构成犯罪的，依法追究刑事责任。

第五十七条　招标人在评标委员会依法推荐的中标候选人以外确定中标人的，依法必须进行招标的项目在所有投标被评标委员会否决后自行确定中标人的，中标无效。责令改正，可以处中标项目金额5‰以上10‰以下的罚款；对单位直接负责的主管人员和其他直接责任人员依法给予处分。

第五十八条　中标人将中标项目转让给他人的，将中标项目肢解后分别转让给他人的，违反本法规定将中标项目的部分主体、关键性工作分包给他人的，或者分包人再次分包的，转让、分包无效，处转让、分包项目金额5‰以上10‰以下的罚款；有违法所得的，并处没收违法所得；可以责令停业整顿；情节严重的，由工商行政管理机关吊销营业执照。

第五十九条　招标人与中标人不按照招标文件和中标人的投标文件订立合同的，或者招标人、中标人订立背离合同实质性内容的协议的，责令改正；可以处中标项目金额5‰以上10‰以下的罚款。

第六十条　中标人不履行与招标人订立的合同的，履约保证金不予退还，给招标人造成的损失超过履约保证金数额的，还应当对超过部分予以赔偿；没有提交履约保证金的，应当对招标人的损失承担赔偿责任。

中标人不按照与招标人订立的合同履行义务，情节严重的，取消其2年至5年内参加依法必须进行招标的项目的投标资格并予以公告，直至由工商行政管理机关吊销营业执照。

因不可抗力不能履行合同的，不适用前两款规定。

第六十一条 本章规定的行政处罚，由国务院规定的有关行政监督部门决定。本法已对实施行政处罚的机关作出规定的除外。

第六十二条 任何单位违反本法规定，限制或者排斥本地区、本系统以外的法人或者其他组织参加投标的，为招标人指定招标代理机构的，强制招标人委托招标代理机构办理招标事宜的，或者以其他方式干涉招标投标活动的，责令改正；对单位直接负责的主管人员和其他直接责任人员依法给予警告、记过、记大过的处分，情节较重的，依法给予降级、撤职、开除的处分。

个人利用职权进行前款违法行为的，依照前款规定追究责任。

第六十三条 对招标投标活动依法负有行政监督职责的国家机关工作人员徇私舞弊、滥用职权或者玩忽职守，构成犯罪的，依法追究刑事责任；不构成犯罪的，依法给予行政处分。

第六十四条 依法必须进行招标的项目违反本法规定，中标无效的，应当依照本法规定的中标条件从其余投标人中重新确定中标人或者依照本法重新进行招标。

第六章　附则

第六十五条　投标人和其他利害关系人认为招标投标活动不符合本法有关规定的，有权向招标人提出异议或者依法向有关行政监督部门投诉。

第六十六条　涉及国家安全、国家秘密、抢险救灾或者属于利用扶贫资金实行以工代赈、需要使用农民工等特殊情况，不适宜进行招标的项目，按照国家有关规定可以不进行招标。

第六十七条　使用国际组织或者外国政府贷款、援助资金的项目进行招标，贷款方、资金提供方对招标投标的具体条件和程序有不同规定的，可以适用其规定，但违背中华人民共和国的社会公共利益的除外。

第六十八条　本法自 2000 年 1 月 1 日起施行。

中华人民共和国招标投标法实施条例

中华人民共和国国务院令 第613号

（2011年11月30日国务院第183次常务会议通过，
2011年12月20日公布，自2012年2月1日起施行）

第一章 总 则

第一条 为了规范招标投标活动，根据《中华人民共和国招标投标法》（以下简称招标投标法），制定本条例。

第二条 招标投标法第三条所称工程建设项目，是指工程以及与工程建设有关的货物、服务。

前款所称工程，是指建设工程，包括建筑物和构筑物的新建、改建、扩建及其相关的装修、拆除、修缮等；所称与工程建设有关的货物，是指构成工程不可分割的组成部分，且为实现工程基本功能所必需的设备、材料等；所称与工程建设有关的服务，是指为完成工程所需的勘察、设计、监理等服务。

第三条 依法必须进行招标的工程建设项目的具体范围和规模标准，由国务院发展改革部门会同国务院有关部门制订，报国务院批准后公布施行。

第四条 国务院发展改革部门指导和协调全国招标投标工作，对国家重大建设项目的工程招标投标活动实施监督检查。国务院工业和信息化、住房城乡建设、交通运输、铁道、水利、商务等部门，按照规定的职责分工对有关招标投标活动实施监督。

县级以上地方人民政府发展改革部门指导和协调本行政区域的招标投标工作。县级以上地方人民政府有关部门按照规定的职责分工，对招标投标活动实施监督，依法查处招标投标活动中的违法行为。县级以上地方人民政府对其所属部门有关招标投标活动的监督职责分工另有规定的，从其规定。

财政部门依法对实行招标投标的政府采购工程建设项目的预算执行情况和政府采购政策执行情况实施监督。

监察机关依法对与招标投标活动有关的监察对象实施监察。

第五条 设区的市级以上地方人民政府可以根据实际需要，建立统一规范的招标投标交易场所，为招标投标活动提供服务。招标投标交易场所不得与行政监督部门存在隶属关系，不得以营利为目的。

国家鼓励利用信息网络进行电子招标投标。

第六条 禁止国家工作人员以任何方式非法干涉招标投标活动。

第二章 招 标

第七条 按照国家有关规定需要履行项目审批、核准手续的依法必须进行招标的项目，其招标范围、招标方式、招标组织形式应当报项目审批、核准部门审批、核准。项目审批、核准部门应当及时将审批、核准确定的招标范围、招标方式、招标组织形式通报有关行政监督部门。

第八条 国有资金占控股或者主导地位的依法必须进行招

标的项目，应当公开招标；但有下列情形之一的，可以邀请招标：

（一）技术复杂、有特殊要求或者受自然环境限制，只有少量潜在投标人可供选择；

（二）采用公开招标方式的费用占项目合同金额的比例过大。

有前款第二项所列情形，属于本条例第七条规定的项目，由项目审批、核准部门在审批、核准项目时作出认定；其他项目由招标人申请有关行政监督部门作出认定。

第九条 除招标投标法第六十六条规定的可以不进行招标的特殊情况外，有下列情形之一的，可以不进行招标：

（一）需要采用不可替代的专利或者专有技术；

（二）采购人依法能够自行建设、生产或者提供；

（三）已通过招标方式选定的特许经营项目投资人依法能够自行建设、生产或者提供；

（四）需要向原中标人采购工程、货物或者服务，否则将影响施工或者功能配套要求；

（五）国家规定的其他特殊情形。

招标人为适用前款规定弄虚作假的，属于招标投标法第四条规定的规避招标。

第十条 招标投标法第十二条第二款规定的招标人具有编制招标文件和组织评标能力，是指招标人具有与招标项目规模和复杂程度相适应的技术、经济等方面的专业人员。

第十一条 招标代理机构的资格依照法律和国务院的规定由有关部门认定。

国务院住房城乡建设、商务、发展改革、工业和信息化等部门，按照规定的职责分工对招标代理机构依法实施监督管理。

第十二条 招标代理机构应当拥有一定数量的取得招标职业资格的专业人员。取得招标职业资格的具体办法由国务院人力资源社会保障部门会同国务院发展改革部门制定。

第十三条 招标代理机构在其资格许可和招标人委托的范围内开展招标代理业务，任何单位和个人不得非法干涉。

招标代理机构代理招标业务，应当遵守招标投标法和本条例关于招标人的规定。招标代理机构不得在所代理的招标项目中投标或者代理投标，也不得为所代理的招标项目的投标人提供咨询。

招标代理机构不得涂改、出租、出借、转让资格证书。

第十四条 招标人应当与被委托的招标代理机构签订书面委托合同，合同约定的收费标准应当符合国家有关规定。

第十五条 公开招标的项目，应当依照招标投标法和本条例的规定发布招标公告、编制招标文件。

招标人采用资格预审办法对潜在投标人进行资格审查的，应当发布资格预审公告、编制资格预审文件。

依法必须进行招标的项目的资格预审公告和招标公告，应当在国务院发展改革部门依法指定的媒介发布。在不同媒介发布的同一招标项目的资格预审公告或者招标公告的内容应当一致。指定媒介发布依法必须进行招标的项目的境内资格预审公告、招标公告，不得收取费用。

编制依法必须进行招标的项目的资格预审文件和招标文件，应当使用国务院发展改革部门会同有关行政监督部门制定的标准文本。

第十六条 招标人应当按照资格预审公告、招标公告或者投标邀请书规定的时间、地点发售资格预审文件或者招标文件。资格预审文件或者招标文件的发售期不得少于5日。

招标人发售资格预审文件、招标文件收取的费用应当限于补偿印刷、邮寄的成本支出，不得以营利为目的。

第十七条 招标人应当合理确定提交资格预审申请文件的时间。依法必须进行招标的项目提交资格预审申请文件的时间，自资格预审文件停止发售之日起不得少于5日。

第十八条 资格预审应当按照资格预审文件载明的标准和方法进行。

国有资金占控股或者主导地位的依法必须进行招标的项目，招标人应当组建资格审查委员会审查资格预审申请文件。资格审查委员会及其成员应当遵守招标投标法和本条例有关评标委员会及其成员的规定。

第十九条 资格预审结束后，招标人应当及时向资格预审申请人发出资格预审结果通知书。未通过资格预审的申请人不具有投标资格。

通过资格预审的申请人少于3个的，应当重新招标。

第二十条 招标人采用资格后审办法对投标人进行资格审查的，应当在开标后由评标委员会按照招标文件规定的标准和方法对投标人的资格进行审查。

第二十一条 招标人可以对已发出的资格预审文件或者招标文件进行必要的澄清或者修改。澄清或者修改的内容可能影响资格预审申请文件或者投标文件编制的，招标人应当在提交资格预审申请文件截止时间至少 3 日前，或者投标截止时间至少 15 日前，以书面形式通知所有获取资格预审文件或者招标文件的潜在投标人；不足 3 日或者 15 日的，招标人应当顺延提交资格预审申请文件或者投标文件的截止时间。

第二十二条 潜在投标人或者其他利害关系人对资格预审文件有异议的，应当在提交资格预审申请文件截止时间 2 日前提出；对招标文件有异议的，应当在投标截止时间 10 日前提出。招标人应当自收到异议之日起 3 日内作出答复；作出答复前，应当暂停招标投标活动。

第二十三条 招标人编制的资格预审文件、招标文件的内容违反法律、行政法规的强制性规定，违反公开、公平、公正和诚实信用原则，影响资格预审结果或者潜在投标人投标的，依法必须进行招标的项目的招标人应当在修改资格预审文件或者招标文件后重新招标。

第二十四条 招标人对招标项目划分标段的，应当遵守招标投标法的有关规定，不得利用划分标段限制或者排斥潜在投标人。依法必须进行招标的项目的招标人不得利用划分标段规避招标。

第二十五条 招标人应当在招标文件中载明投标有效期。投标有效期从提交投标文件的截止之日起算。

第二十六条 招标人在招标文件中要求投标人提交投标保证金的，投标保证金不得超过招标项目估算价的 2%。投标保证金有效期应当与投标有效期一致。

依法必须进行招标的项目的境内投标单位，以现金或者支票形式提交的投标保证金应当从其基本账户转出。

招标人不得挪用投标保证金。

第二十七条 招标人可以自行决定是否编制标底。一个招标项目只能有一个标底。标底必须保密。

接受委托编制标底的中介机构不得参加受托编制标底项目的投标，也不得为该项目的投标人编制投标文件或者提供咨询。

招标人设有最高投标限价的，应当在招标文件中明确最高投标限价或者最高投标限价的计算方法。招标人不得规定最低投标限价。

第二十八条 招标人不得组织单个或者部分潜在投标人踏勘项目现场。

第二十九条 招标人可以依法对工程以及与工程建设有关的货物、服务全部或者部分实行总承包招标。以暂估价形式包括在总承包范围内的工程、货物、服务属于依法必须进行招标的项目范围且达到国家规定规模标准的，应当依法进行招标。

前款所称暂估价，是指总承包招标时不能确定价格而由招标人在招标文件中暂时估定的工程、货物、服务的金额。

第三十条 对技术复杂或者无法精确拟定技术规格的项目，招标人可以分两阶段进行招标。

第一阶段，投标人按照招标公告或者投标邀请书的要求提交不带报价的技术建议，招标人根据投标人提交的技术建议确定技术标准和要求，编制招标文件。

第二阶段，招标人向在第一阶段提交技术建议的投标人提供招标文件，投标人按照招标文件的要求提交包括最终技术方案和投标报价的投标文件。

招标人要求投标人提交投标保证金的，应当在第二阶段提出。

第三十一条 招标人终止招标的，应当及时发布公告，或者以书面形式通知被邀请的或者已经获取资格预审文件、招标文件的潜在投标人。已经发售资格预审文件、招标文件或者已经收取投标保证金的，招标人应当及时退还所收取的资格预审文件、招标文件的费用，以及所收取的投标保证金及银行同期存款利息。

第三十二条 招标人不得以不合理的条件限制、排斥潜在投标人或者投标人。

招标人有下列行为之一的，属于以不合理条件限制、排斥潜在投标人或者投标人：

（一）就同一招标项目向潜在投标人或者投标人提供有差别的项目信息；

（二）设定的资格、技术、商务条件与招标项目的具体特点和实际需要不相适应或者与合同履行无关；

（三）依法必须进行招标的项目以特定行政区域或者特定行业的业绩、奖项作为加分条件或者中标条件；

（四）对潜在投标人或者投标人采取不同的资格审查或者评标标准；

（五）限定或者指定特定的专利、商标、品牌、原产地或者供应商；

（六）依法必须进行招标的项目非法限定潜在投标人或者投

标人的所有制形式或者组织形式；

（七）以其他不合理条件限制、排斥潜在投标人或者投标人。

第三章　投　标

第三十三条　投标人参加依法必须进行招标的项目的投标，不受地区或者部门的限制，任何单位和个人不得非法干涉。

第三十四条　与招标人存在利害关系可能影响招标公正性的法人、其他组织或者个人，不得参加投标。

单位负责人为同一人或者存在控股、管理关系的不同单位，不得参加同一标段投标或者未划分标段的同一招标项目投标。

违反前两款规定的，相关投标均无效。

第三十五条　投标人撤回已提交的投标文件，应当在投标截止时间前书面通知招标人。招标人已收取投标保证金的，应当自收到投标人书面撤回通知之日起 5 日内退还。

投标截止后投标人撤销投标文件的，招标人可以不退还投标保证金。

第三十六条　未通过资格预审的申请人提交的投标文件，以及逾期送达或者不按照招标文件要求密封的投标文件，招标人应当拒收。

招标人应当如实记载投标文件的送达时间和密封情况，并存档备查。

第三十七条　招标人应当在资格预审公告、招标公告或者投标邀请书中载明是否接受联合体投标。

招标人接受联合体投标并进行资格预审的，联合体应当在提交资格预审申请文件前组成。资格预审后联合体增减、更换成员的，其投标无效。

联合体各方在同一招标项目中以自己名义单独投标或者参加其他联合体投标的，相关投标均无效。

第三十八条 投标人发生合并、分立、破产等重大变化的，应当及时书面告知招标人。投标人不再具备资格预审文件、招标文件规定的资格条件或者其投标影响招标公正性的，其投标无效。

第三十九条 禁止投标人相互串通投标。

有下列情形之一的，属于投标人相互串通投标：

（一）投标人之间协商投标报价等投标文件的实质性内容；

（二）投标人之间约定中标人；

（三）投标人之间约定部分投标人放弃投标或者中标；

（四）属于同一集团、协会、商会等组织成员的投标人按照该组织要求协同投标；

（五）投标人之间为谋取中标或者排斥特定投标人而采取的其他联合行动。

第四十条 有下列情形之一的，视为投标人相互串通投标：

（一）不同投标人的投标文件由同一单位或者个人编制；

（二）不同投标人委托同一单位或者个人办理投标事宜；

（三）不同投标人的投标文件载明的项目管理成员为同一人；

（四）不同投标人的投标文件异常一致或者投标报价呈规律性差异；

（五）不同投标人的投标文件相互混装；

（六）不同投标人的投标保证金从同一单位或者个人的账户

转出。

第四十一条 禁止招标人与投标人串通投标。

有下列情形之一的，属于招标人与投标人串通投标：

（一）招标人在开标前开启投标文件并将有关信息泄露给其他投标人；

（二）招标人直接或者间接向投标人泄露标底、评标委员会成员等信息；

（三）招标人明示或者暗示投标人压低或者抬高投标报价；

（四）招标人授意投标人撤换、修改投标文件；

（五）招标人明示或者暗示投标人为特定投标人中标提供方便；

（六）招标人与投标人为谋求特定投标人中标而采取的其他串通行为。

第四十二条 使用通过受让或者租借等方式获取的资格、资质证书投标的，属于招标投标法第三十三条规定的以他人名义投标。

投标人有下列情形之一的，属于招标投标法第三十三条规定的以其他方式弄虚作假的行为：

（一）使用伪造、变造的许可证件；

（二）提供虚假的财务状况或者业绩；

（三）提供虚假的项目负责人或者主要技术人员简历、劳动关系证明；

（四）提供虚假的信用状况；

（五）其他弄虚作假的行为。

第四十三条 提交资格预审申请文件的申请人应当遵守招标投标法和本条例有关投标人的规定。

第四章 开标、评标和中标

第四十四条 招标人应当按照招标文件规定的时间、地点开标。

投标人少于3个的，不得开标；招标人应当重新招标。

投标人对开标有异议的，应当在开标现场提出，招标人应当当场作出答复，并制作记录。

第四十五条 国家实行统一的评标专家专业分类标准和管理办法。具体标准和办法由国务院发展改革部门会同国务院有关部门制定。

省级人民政府和国务院有关部门应当组建综合评标专家库。

第四十六条 除招标投标法第三十七条第三款规定的特殊招标项目外，依法必须进行招标的项目，其评标委员会的专家成员应当从评标专家库内相关专业的专家名单中以随机抽取方式确定。任何单位和个人不得以明示、暗示等任何方式指定或者变相指定参加评标委员会的专家成员。

依法必须进行招标的项目的招标人非因《招标投标法》和本条例规定的事由，不得更换依法确定的评标委员会成员。更换评标委员会的专家成员应当依照前款规定进行。

评标委员会成员与投标人有利害关系的，应当主动回避。

有关行政监督部门应当按照规定的职责分工，对评标委员会成员的确定方式、评标专家的抽取和评标活动进行监督。行政监督部门的工作人员不得担任本部门负责监督项目的评标委员会成员。

第四十七条 招标投标法第三十七条第三款所称特殊招标项目，是指技术复杂、专业性强或者国家有特殊要求，采取随机抽取方式确定的专家难以保证胜任评标工作的项目。

第四十八条 招标人应当向评标委员会提供评标所必需的信息，但不得明示或者暗示其倾向或者排斥特定投标人。

招标人应当根据项目规模和技术复杂程度等因素合理确定评标时间。超过三分之一的评标委员会成员认为评标时间不够的，招标人应当适当延长。

评标过程中，评标委员会成员有回避事由、擅离职守或者因健康等原因不能继续评标的，应当及时更换。被更换的评标委员会成员作出的评审结论无效，由更换后的评标委员会成员重新进行评审。

第四十九条 评标委员会成员应当依照招标投标法和本条例的规定，按照招标文件规定的评标标准和方法，客观、公正地对投标文件提出评审意见。招标文件没有规定的评标标准和方法不得作为评标的依据。

评标委员会成员不得私下接触投标人，不得收受投标人给予的财物或者其他好处，不得向招标人征询确定中标人的意向，不得接受任何单位或者个人明示或者暗示提出的倾向或者排斥特定投标人的要求，不得有其他不客观、不公正履行职务的行为。

第五十条 招标项目设有标底的，招标人应当在开标时公布。标底只能作为评标的参考，不得以投标报价是否接近标底作为中标条件，也不得以投标报价超过标底上下浮动范围作为否决投标的条件。

第五十一条 有下列情形之一的，评标委员会应当否决其投标：

（一）投标文件未经投标单位盖章和单位负责人签字；

（二）投标联合体没有提交共同投标协议；

（三）投标人不符合国家或者招标文件规定的资格条件；

（四）同一投标人提交两个以上不同的投标文件或者投标报价，但招标文件要求提交备选投标的除外；

（五）投标报价低于成本或者高于招标文件设定的最高投标限价；

（六）投标文件没有对招标文件的实质性要求和条件作出响应；

（七）投标人有串通投标、弄虚作假、行贿等违法行为。

第五十二条 投标文件中有含义不明确的内容、明显文字或者计算错误，评标委员会认为需要投标人作出必要澄清、说明的，应当书面通知该投标人。投标人的澄清、说明应当采用书面形式，并不得超出投标文件的范围或者改变投标文件的实质性内容。

评标委员会不得暗示或者诱导投标人作出澄清、说明，不得接受投标人主动提出的澄清、说明。

第五十三条 评标完成后，评标委员会应当向招标人提交书面评标报告和中标候选人名单。中标候选人应当不超过 3 个，并标明排序。

评标报告应当由评标委员会全体成员签字。对评标结果有不同意见的评标委员会成员应当以书面形式说明其不同意见和理由，评标报告应当注明该不同意见。评标委员会成员拒绝在评标报告上签字又不书面说明其不同意见和理由的，视为同意评标结果。

第五十四条 依法必须进行招标的项目，招标人应当自收到评标报告之日起3日内公示中标候选人，公示期不得少于3日。

投标人或者其他利害关系人对依法必须进行招标的项目的评标结果有异议的，应当在中标候选人公示期间提出。招标人应当自收到异议之日起3日内作出答复；作出答复前，应当暂停招标投标活动。

第五十五条 国有资金占控股或者主导地位的依法必须进行招标的项目，招标人应当确定排名第一的中标候选人为中标人。排名第一的中标候选人放弃中标、因不可抗力不能履行合同、不按照招标文件要求提交履约保证金，或者被查实存在影响中标结果的违法行为等情形，不符合中标条件的，招标人可以按照评标委员会提出的中标候选人名单排序依次确定其他中标候选人为中标人，也可以重新招标。

第五十六条 中标候选人的经营、财务状况发生较大变化或者存在违法行为，招标人认为可能影响其履约能力的，应当在发出中标通知书前由原评标委员会按照招标文件规定的标准和方法审查确认。

第五十七条 招标人和中标人应当依照招标投标法和本条例的规定签订书面合同，合同的标的、价款、质量、履行期限等主要条款应当与招标文件和中标人的投标文件的内容一致。招标人和中标人不得再行订立背离合同实质性内容的其他协议。

招标人最迟应当在书面合同签订后5日内向中标人和未中标的投标人退还投标保证金及银行同期存款利息。

第五十八条 招标文件要求中标人提交履约保证金的，中标人应当按照招标文件的要求提交。履约保证金不得超过中标合同金额的10%。

第五十九条 中标人应当按照合同约定履行义务，完成中标项目。中标人不得向他人转让中标项目，也不得将中标项目肢解后分别向他人转让。

中标人按照合同约定或者经招标人同意，可以将中标项目的部分非主体、非关键性工作分包给他人完成。接受分包的人应当具备相应的资格条件，并不得再次分包。

中标人应当就分包项目向招标人负责，接受分包的人就分包项目承担连带责任。

第五章 投诉与处理

第六十条 投标人或者其他利害关系人认为招标投标活动不符合法律、行政法规规定的，可以自知道或者应当知道之日起10日内向有关行政监督部门投诉。投诉应当有明确的请求和必要的证明材料。

就本条例第二十二条、第四十四条、第五十四条规定事项投诉的，应当先向招标人提出异议，异议答复期间不计算在前款规定的期限内。

第六十一条 投诉人就同一事项向两个以上有权受理的行政监督部门投诉的，由最先收到投诉的行政监督部门负责处理。

行政监督部门应当自收到投诉之日起3个工作日内决定是否受理投诉，并自受理投诉之日起30个工作日内作出书面处理决定；需要检验、检测、鉴定、专家评审的，所需时间不计算在内。

投诉人捏造事实、伪造材料或者以非法手段取得证明材料进行投诉的，行政监督部门应当予以驳回。

第六十二条 行政监督部门处理投诉，有权查阅、复制有关文件、资料，调查有关情况，相关单位和人员应当予以配合。必要时，行政监督部门可以责令暂停招标投标活动。

行政监督部门的工作人员对监督检查过程中知悉的国家秘密、商业秘密，应当依法予以保密。

第六章 法律责任

第六十三条 招标人有下列限制或者排斥潜在投标人行为之一的，由有关行政监督部门依照招标投标法第五十一条的规定处罚：

（一）依法应当公开招标的项目不按照规定在指定媒介发布资格预审公告或者招标公告；

（二）在不同媒介发布的同一招标项目的资格预审公告或者招标公告的内容不一致，影响潜在投标人申请资格预审或者投标。

依法必须进行招标的项目的招标人不按照规定发布资格预审公告或者招标公告，构成规避招标的，依照招标投标法第四十九条的规定处罚。

第六十四条 招标人有下列情形之一的，由有关行政监督部门责令改正，可以处10万元以下的罚款：

（一）依法应当公开招标而采用邀请招标；

（二）招标文件、资格预审文件的发售、澄清、修改的时限，或者确定的提交资格预审申请文件、投标文件的时限不符合招标投标法和本条例规定；

（三）接受未通过资格预审的单位或者个人参加投标；

（四）接受应当拒收的投标文件。

招标人有前款第一项、第三项、第四项所列行为之一的，对单位直接负责的主管人员和其他直接责任人员依法给予处分。

第六十五条 招标代理机构在所代理的招标项目中投标、代理投标或者向该项目投标人提供咨询的，接受委托编制标底的中介机构参加受托编制标底项目的投标或者为该项目的投标人编制投标文件、提供咨询的，依照招标投标法第五十条的规定追究法律责任。

第六十六条 招标人超过本条例规定的比例收取投标保证金、履约保证金或者不按照规定退还投标保证金及银行同期存款利息的，由有关行政监督部门责令改正，可以处5万元以下的罚款；给他人造成损失的，依法承担赔偿责任。

第六十七条 投标人相互串通投标或者与招标人串通投标的，投标人向招标人或者评标委员会成员行贿谋取中标的，中标无效；构成犯罪的，依法追究刑事责任；尚不构成犯罪的，依照招标投标法第五十三条的规定处罚。投标人未中标的，对单位的罚款金额按照招标项目合同金额依照招标投标法规定的比例计算。

投标人有下列行为之一的，属于招标投标法第五十三条规定的情节严重行为，由有关行政监督部门取消其1年至2年内参加依法必须进行招标的项目的投标资格：

(一)以行贿谋取中标；

(二)3年内2次以上串通投标；

(三)串通投标行为损害招标人、其他投标人或者国家、集体、公民的合法利益，造成直接经济损失30万元以上；

(四)其他串通投标情节严重的行为。

投标人自本条第二款规定的处罚执行期限届满之日起3年内又有该款所列违法行为之一的，或者串通投标、以行贿谋取中标情节特别严重的，由工商行政管理机关吊销营业执照。

法律、行政法规对串通投标报价行为的处罚另有规定的，从其规定。

第六十八条 投标人以他人名义投标或者以其他方式弄虚作假骗取中标的，中标无效；构成犯罪的，依法追究刑事责任；尚不构成犯罪的，依照招标投标法第五十四条的规定处罚。依法必须进行招标的项目的投标人未中标的，对单位的罚款金额按照招标项目合同金额依照招标投标法规定的比例计算。

投标人有下列行为之一的，属于招标投标法第五十四条规定的情节严重行为，由有关行政监督部门取消其1年至3年内参加依法必须进行招标的项目的投标资格：

(一)伪造、变造资格、资质证书或者其他许可证件骗取中标；

(二)3年内2次以上使用他人名义投标；

（三）弄虚作假骗取中标给招标人造成直接经济损失 30 万元以上；

（四）其他弄虚作假骗取中标情节严重的行为。

投标人自本条第二款规定的处罚执行期限届满之日起 3 年内又有该款所列违法行为之一的，或者弄虚作假骗取中标情节特别严重的，由工商行政管理机关吊销营业执照。

第六十九条 出让或者出租资格、资质证书供他人投标的，依照法律、行政法规的规定给予行政处罚；构成犯罪的，依法追究刑事责任。

第七十条 依法必须进行招标的项目的招标人不按照规定组建评标委员会，或者确定、更换评标委员会成员违反招标投标法和本条例规定的，由有关行政监督部门责令改正，可以处 10 万元以下的罚款，对单位直接负责的主管人员和其他直接责任人员依法给予处分；违法确定或者更换的评标委员会成员作出的评审结论无效，依法重新进行评审。

国家工作人员以任何方式非法干涉选取评标委员会成员的，依照本条例第八十一条的规定追究法律责任。

第七十一条 评标委员会成员有下列行为之一的，由有关行政监督部门责令改正；情节严重的，禁止其在一定期限内参加依法必须进行招标的项目的评标；情节特别严重的，取消其担任评标委员会成员的资格：

（一）应当回避而不回避；

（二）擅离职守；

（三）不按照招标文件规定的评标标准和方法评标；

（四）私下接触投标人；

（五）向招标人征询确定中标人的意向或者接受任何单位或者个人明示或者暗示提出的倾向或者排斥特定投标人的要求；

（六）对依法应当否决的投标不提出否决意见；

（七）暗示或者诱导投标人作出澄清、说明或者接受投标人主动提出的澄清、说明；

（八）其他不客观、不公正履行职务的行为。

第七十二条 评标委员会成员收受投标人的财物或者其他好处的，没收收受的财物，处3000元以上5万元以下的罚款，取消担任评标委员会成员的资格，不得再参加依法必须进行招标的项目的评标；构成犯罪的，依法追究刑事责任。

第七十三条 依法必须进行招标的项目的招标人有下列情形之一的，由有关行政监督部门责令改正，可以处中标项目金额10‰以下的罚款；给他人造成损失的，依法承担赔偿责任；对单位直接负责的主管人员和其他直接责任人员依法给予处分：

（一）无正当理由不发出中标通知书；

（二）不按照规定确定中标人；

（三）中标通知书发出后无正当理由改变中标结果；

（四）无正当理由不与中标人订立合同；

（五）在订立合同时向中标人提出附加条件。

第七十四条 中标人无正当理由不与招标人订立合同，在签订合同时向招标人提出附加条件，或者不按照招标文件要求提交履约保证金的，取消其中标资格，投标保证金不予退还。对依法必须进行招标的项目的中标人，由有关行政监督部门责令改正，可以处中标项目金额10‰以下的罚款。

第七十五条 招标人和中标人不按照招标文件和中标人的投标文件订立合同，合同的主要条款与招标文件、中标人的投标文件的内容不一致，或者招标人、中标人订立背离合同实质性内容的协议的，由有关行政监督部门责令改正，可以处中标项目金额5‰以上10‰以下的罚款。

第七十六条 中标人将中标项目转让给他人的，将中标项目肢解后分别转让给他人的，违反招标投标法和本条例规定将中标项目的部分主体、关键性工作分包给他人的，或者分包人再次分包的，转让、分包无效，处转让、分包项目金额5‰以上10‰以下的罚款；有违法所得的，并处没收违法所得；可以责令停业整顿；情节严重的，由工商行政管理机关吊销营业执照。

第七十七条 投标人或者其他利害关系人捏造事实、伪造材料或者以非法手段取得证明材料进行投诉，给他人造成损失的，依法承担赔偿责任。

招标人不按照规定对异议作出答复，继续进行招标投标活动的，由有关行政监督部门责令改正，拒不改正或者不能改正并影响中标结果的，依照本条例第八十二条的规定处理。

第七十八条 取得招标职业资格的专业人员违反国家有关规定办理招标业务的，责令改正，给予警告；情节严重的，暂停一定期限内从事招标业务；情节特别严重的，取消招标职业资格。

第七十九条 国家建立招标投标信用制度。有关行政监督部门应当依法公告对招标人、招标代理机构、投标人、评标委员会成员等当事人违法行为的行政处理决定。

第八十条 项目审批、核准部门不依法审批、核准项目招标范围、招标方式、招标组织形式的，对单位直接负责的主管人员和其他直接责任人员依法给予处分。

有关行政监督部门不依法履行职责，对违反招标投标法和本条例规定的行为不依法查处，或者不按照规定处理投诉、不依法公告对招标投标当事人违法行为的行政处理决定的，对直接负责的主管人员和其他直接责任人员依法给予处分。

项目审批、核准部门和有关行政监督部门的工作人员徇私舞弊、滥用职权、玩忽职守，构成犯罪的，依法追究刑事责任。

第八十一条 国家工作人员利用职务便利，以直接或者间接、明示或者暗示等任何方式非法干涉招标投标活动，有下列情形之一的，依法给予记过或者记大过处分；情节严重的，依法给予降级或者撤职处分；情节特别严重的，依法给予开除处分；构成犯罪的，依法追究刑事责任：

（一）要求对依法必须进行招标的项目不招标，或者要求对依法应当公开招标的项目不公开招标；

（二）要求评标委员会成员或者招标人以其指定的投标人作为中标候选人或者中标人，或者以其他方式非法干涉评标活动，影响中标结果；

（三）以其他方式非法干涉招标投标活动。

第八十二条 依法必须进行招标的项目的招标投标活动违反招标投标法和本条例的规定，对中标结果造成实质性影响，且不能采取补救措施予以纠正的，招标、投标、中标无效，应当依法重新招标或者评标。

第七章　附　则

第八十三条　招标投标协会按照依法制定的章程开展活动，加强行业自律和服务。

第八十四条　政府采购的法律、行政法规对政府采购货物、服务的招标投标另有规定的，从其规定。

第八十五条　本条例自2012年2月1日起施行。

中华人民共和国政府采购法

（2002年6月29日第九届全国人民代表大会
常务委员会第28次会议通过）

第一章　总　则

第一条　为了规范政府采购行为，提高政府采购资金的使用效益，维护国家利益和社会公共利益，保护政府采购当事人的合法权益，促进廉政建设，制定本法。

第二条　在中华人民共和国境内进行的政府采购适用本法。

本法所称政府采购，是指各级国家机关、事业单位和团体组织，使用财政性资金采购依法制定的集中采购目录以内的或者采购限额标准以上的货物、工程和服务的行为。

政府集中采购目录和采购限额标准依照本法规定的权限制定。

本法所称采购，是指以合同方式有偿取得货物、工程和服务的行为，包括购买、租赁、委托、雇用等。

本法所称货物，是指各种形态和种类的物品，包括原材料、燃料、设备、产品等。

本法所称工程，是指建设工程，包括建筑物和构筑物的新建、改建、扩建、装修、拆除、修缮等。

本法所称服务，是指除货物和工程以外的其他政府采购对象。

第三条 政府采购应当遵循公开透明原则、公平竞争原则、公正原则和诚实信用原则。

第四条 政府采购工程进行招标投标的,适用招标投标法。

第五条 任何单位和个人不得采用任何方式,阻挠和限制供应商自由进入本地区和本行业的政府采购市场。

第六条 政府采购应当严格按照批准的预算执行。

第七条 政府采购实行集中采购和分散采购相结合。集中采购的范围由省级以上人民政府公布的集中采购目录确定。

属于中央预算的政府采购项目,其集中采购目录由国务院确定并公布;属于地方预算的政府采购项目,其集中采购目录由省、自治区、直辖市人民政府或者其授权的机构确定并公布。

纳入集中采购目录的政府采购项目,应当实行集中采购。

第八条 政府采购限额标准,属于中央预算的政府采购项目,由国务院确定并公布;属于地方预算的政府采购项目,由省、自治区、直辖市人民政府或者其授权的机构确定并公布。

第九条 政府采购应当有助于实现国家的经济和社会发展政策目标,包括保护环境,扶持不发达地区和少数民族地区,促进中小企业发展等。

第十条 政府采购应当采购本国货物、工程和服务。但有下列情形之一的除外:

(一)需要采购的货物、工程或者服务在中国境内无法获取或者无法以合理的商业条件获取的;

(二)为在中国境外使用而进行采购的;

（三）其他法律、行政法规另有规定的。

前款所称本国货物、工程和服务的界定，依照国务院有关规定执行。

第十一条 政府采购的信息应当在政府采购监督管理部门指定的媒体上及时向社会公开发布，但涉及商业秘密的除外。

第十二条 在政府采购活动中，采购人员及相关人员与供应商有利害关系的，必须回避。供应商认为采购人员及相关人员与其他供应商有利害关系的，可以申请其回避。

前款所称相关人员，包括招标采购中评标委员会的组成人员，竞争性谈判采购中谈判小组的组成人员，询价采购中询价小组的组成人员等。

第十三条 各级人民政府财政部门是负责政府采购监督管理的部门，依法履行对政府采购活动的监督管理职责。

各级人民政府其他有关部门依法履行与政府采购活动有关的监督管理职责。

第二章 政府采购当事人

第十四条 政府采购当事人是指在政府采购活动中享有权利和承担义务的各类主体，包括采购人、供应商和采购代理机构等。

第十五条 采购人是指依法进行政府采购的国家机关、事业单位、团体组织。

第十六条 集中采购机构为采购代理机构。设区的市、自治州以上人民政府根据本级政府采购项目组织集中采购的需要设立集中采购机构。

集中采购机构是非营利事业法人，根据采购人的委托办理采购事宜。

第十七条 集中采购机构进行政府采购活动，应当符合采购价格低于市场平均价格、采购效率更高、采购质量优良和服务良好的要求。

第十八条 采购人采购纳入集中采购目录的政府采购项目，必须委托集中采购机构代理采购；采购未纳入集中采购目录的政府采购项目，可以自行采购，也可以委托集中采购机构在委托的范围内代理采购。

纳入集中采购目录属于通用的政府采购项目的，应当委托集中采购机构代理采购；属于本部门、本系统有特殊要求的项目，应当实行部门集中采购；属于本单位有特殊要求的项目，经省级以上人民政府批准，可以自行采购。

第十九条 采购人可以委托经国务院有关部门或者省级人民政府有关部门认定资格的采购代理机构，在委托的范围内办理政府采购事宜。

采购人有权自行选择采购代理机构，任何单位和个人不得以任何方式为采购人指定采购代理机构。

第二十条 采购人依法委托采购代理机构办理采购事宜的，应当由采购人与采购代理机构签订委托代理协议，依法确定委托代理的事项，约定双方的权利义务。

第二十一条 供应商是指向采购人提供货物、工程或者服务的法人、其他组织或者自然人。

第二十二条 供应商参加政府采购活动应当具备下列条件：

（一）具有独立承担民事责任的能力；

（二）具有良好的商业信誉和健全的财务会计制度；

（三）具有履行合同所必需的设备和专业技术能力；

（四）有依法缴纳税收和社会保障资金的良好记录；

（五）参加政府采购活动前三年内，在经营活动中没有重大违法记录；

（六）法律、行政法规规定的其他条件。

采购人可以根据采购项目的特殊要求，规定供应商的特定条件，但不得以不合理的条件对供应商实行差别待遇或者歧视待遇。

第二十三条 采购人可以要求参加政府采购的供应商提供有关资质证明文件和业绩情况，并根据本法规定的供应商条件和采购项目对供应商的特定要求，对供应商的资格进行审查。

第二十四条 两个以上的自然人、法人或者其他组织可以组成一个联合体，以一个供应商的身份共同参加政府采购。

以联合体形式进行政府采购的，参加联合体的供应商均应当具备本法第二十二条规定的条件，并应当向采购人提交联合协议，载明联合体各方承担的工作和义务。联合体各方应当共同与采购人签订采购合同，就采购合同约定的事项对采购人承担连带责任。

第二十五条 政府采购当事人不得相互串通损害国家利益、社会公共利益和其他当事人的合法权益；不得以任何手段排斥其他供应商参与竞争。

供应商不得以向采购人、采购代理机构、评标委员会的组成人员、竞争性谈判小组的组成人员、询价小组的组成人员行贿或者采取其他不正当手段谋取中标或者成交。

采购代理机构不得以向采购人行贿或者采取其他不正当手段谋取非法利益。

第三章 政府采购方式

第二十六条 政府采购采用以下方式：

（一）公开招标；

（二）邀请招标；

（三）竞争性谈判；

（四）单一来源采购；

（五）询价；

（六）国务院政府采购监督管理部门认定的其他采购方式。

公开招标应作为政府采购的主要采购方式。

第二十七条 采购人采购货物或者服务应当采用公开招标方式的，其具体数额标准，属于中央预算的政府采购项目，由国务院规定；属于地方预算的政府采购项目，由省、自治区、直辖市人民政府规定；因特殊情况需要采用公开招标以外的采购方式的，应当在采购活动开始前获得设区的市、自治州以上人民政府采购监督管理部门的批准。

第二十八条 采购人不得将应当以公开招标方式采购的货物或者服务化整为零或者以其他任何方式规避公开招标采购。

第二十九条 符合下列情形之一的货物或者服务，可以依照本法采用邀请招标方式采购：

（一）具有特殊性，只能从有限范围的供应商处采购的；

（二）采用公开招标方式的费用占政府采购项目总价值的比例过大的。

第三十条 符合下列情形之一的货物或者服务，可以依照本法采用竞争性谈判方式采购：

（一）招标后没有供应商投标或者没有合格标的或者重新招标未能成立的；

（二）技术复杂或者性质特殊，不能确定详细规格或者具体要求的；

（三）采用招标所需时间不能满足用户紧急需要的；

（四）不能事先计算出价格总额的。

第三十一条 符合下列情形之一的货物或者服务，可以依照本法采用单一来源方式采购：

（一）只能从唯一供应商处采购的；

（二）发生了不可预见的紧急情况不能从其他供应商处采购的；

（三）必须保证原有采购项目一致性或者服务配套的要求，需要继续从原供应商处添购，且添购资金总额不超过原合同采购金额10％的。

第三十二条 采购的货物规格、标准统一、现货货源充足且价格变化幅度小的政府采购项目，可以依照本法采用询价方式采购。

第四章　政府采购程序

第三十三条　负有编制部门预算职责的部门在编制下一财政年度部门预算时，应当将该财政年度政府采购的项目及资金预算列出，报本级财政部门汇总。部门预算的审批，按预算管理权限和程序进行。

第三十四条　货物或者服务项目采取邀请招标方式采购的，采购人应当从符合相应资格条件的供应商中，通过随机方式选择3家以上的供应商，并向其发出投标邀请书。

第三十五条　货物和服务项目实行招标方式采购的，自招标文件开始发出之日起至投标人提交投标文件截止之日止，不得少于20日。

第三十六条　在招标采购中，出现下列情形之一的，应予废标：

(一)符合专业条件的供应商或者对招标文件作实质响应的供应商不足3家的；

(二)出现影响采购公正的违法、违规行为的；

(三)投标人的报价均超过了采购预算，采购人不能支付的；

(四)因重大变故，采购任务取消的。

废标后，采购人应当将废标理由通知所有投标人。

第三十七条　废标后，除采购任务取消情形外，应当重新组织招标；需要采取其他方式采购的，应当在采购活动开始前获得设区的市、自治州以上人民政府采购监督管理部门或者政府有关部门批准。

第三十八条 采用竞争性谈判方式采购的，应当遵循下列程序：

（一）成立谈判小组。谈判小组由采购人的代表和有关专家共3人以上的单数组成，其中专家的人数不得少于成员总数的2/3。

（二）制定谈判文件。谈判文件应当明确谈判程序、谈判内容、合同草案的条款以及评定成交的标准等事项。

（三）确定邀请参加谈判的供应商名单。谈判小组从符合相应资格条件的供应商名单中确定不少于3家的供应商参加谈判，并向其提供谈判文件。

（四）谈判。谈判小组所有成员集中与单一供应商分别进行谈判。在谈判中，谈判的任何一方不得透露与谈判有关的其他供应商的技术资料、价格和其他信息。谈判文件有实质性变动的，谈判小组应当以书面形式通知所有参加谈判的供应商。

（五）确定成交供应商。谈判结束后，谈判小组应当要求所有参加谈判的供应商在规定时间内进行最后报价，采购人从谈判小组提出的成交候选人中根据符合采购需求、质量和服务相等且报价最低的原则确定成交供应商，并将结果通知所有参加谈判的未成交的供应商。

第三十九条 采取单一来源方式采购的，采购人与供应商应当遵循本法规定的原则，在保证采购项目质量和双方商定合理价格的基础上进行采购。

第四十条 采取询价方式采购的，应当遵循下列程序：

（一）成立询价小组。询价小组由采购人的代表和有关专家共3人以上的单数组成，其中专家的人数不得少于成员总数的2/3。询价小组应当对采购项目的价格构成和评定成交的标准等事项作出规定。

（二）确定被询价的供应商名单。询价小组根据采购需求，从符合相应资格条件的供应商名单中确定不少于3家的供应商，并向其发出询价通知书让其报价。

（三）询价。询价小组要求被询价的供应商一次报出不得更改的价格。

（四）确定成交供应商。采购人根据符合采购需求、质量和服务相等且报价最低的原则确定成交供应商，并将结果通知所有被询价的未成交的供应商。

第四十一条 采购人或者其委托的采购代理机构应当组织对供应商履约的验收。大型或者复杂的政府采购项目，应当邀请国家认可的质量检测机构参加验收工作。验收方成员应当在验收书上签字，并承担相应的法律责任。

第四十二条 采购人、采购代理机构对政府采购项目每项采购活动的采购文件应当妥善保存，不得伪造、变造、隐匿或者销毁。采购文件的保存期限为从采购结束之日起至少保存15年。

采购文件包括采购活动记录、采购预算、招标文件、投标文件、评标标准、评估报告、定标文件、合同文本、验收证明、质疑答复、投诉处理决定及其他有关文件、资料。

采购活动记录至少应当包括下列内容：

（一）采购项目类别、名称；

（二）采购项目预算、资金构成和合同价格；

（三）采购方式，采用公开招标以外的采购方式的，应当载明原因；

（四）邀请和选择供应商的条件及原因；

（五）评标标准及确定中标人的原因；

（六）废标的原因；

（七）采用招标以外采购方式的相应记载。

第五章　政府采购合同

第四十三条　政府采购合同适用合同法。采购人和供应商之间的权利和义务，应当按照平等、自愿的原则以合同方式约定。

采购人可以委托采购代理机构代表其与供应商签订政府采购合同。由采购代理机构以采购人名义签订合同的，应当提交采购人的授权委托书，作为合同附件。

第四十四条　政府采购合同应当采用书面形式。

第四十五条　国务院政府采购监督管理部门应当会同国务院有关部门，规定政府采购合同必须具备的条款。

第四十六条　采购人与中标、成交供应商应当在中标、成交通知书发出之日起 30 日内，按照采购文件确定的事项签订政府采购合同。

中标、成交通知书对采购人和中标、成交供应商均具有法律效力。中标、成交通知书发出后，采购人改变中标、成交结果的，或者中标、成交供应商放弃中标、成交项目的，应当依法承担法律责任。

第四十七条　政府采购项目的采购合同自签订之日起 7 个

工作日内，采购人应当将合同副本报同级政府采购监督管理部门和有关部门备案。

第四十八条 经采购人同意，中标、成交供应商可以依法采取分包方式履行合同。

政府采购合同分包履行的，中标、成交供应商就采购项目和分包项目向采购人负责，分包供应商就分包项目承担责任。

第四十九条 政府采购合同履行中，采购人需追加与合同标的相同的货物、工程或者服务的，在不改变合同其他条款的前提下，可以与供应商协商签订补充合同，但所有补充合同的采购金额不得超过原合同采购金额的10%。

第五十条 政府采购合同的双方当事人不得擅自变更、中止或者终止合同。

政府采购合同继续履行将损害国家利益和社会公共利益的，双方当事人应当变更、中止或者终止合同。有过错的一方应当承担赔偿责任，双方都有过错的，各自承担相应的责任。

第六章 质疑与投诉

第五十一条 供应商对政府采购活动事项有疑问的，可以向采购人提出询问，采购人应当及时作出答复，但答复的内容不得涉及商业秘密。

第五十二条 供应商认为采购文件、采购过程和中标、成交结果使自己的权益受到损害的，可以在知道或者应知其权益受到损害之日起7个工作日内，以书面形式向采购人提出质疑。

第五十三条 采购人应当在收到供应商的书面质疑后7个

工作日内作出答复，并以书面形式通知质疑供应商和其他有关供应商，但答复的内容不得涉及商业秘密。

第五十四条 采购人委托采购代理机构采购的，供应商可以向采购代理机构提出询问或者质疑，采购代理机构应当依照本法第五十一条、第五十三条的规定就采购人委托授权范围内的事项作出答复。

第五十五条 质疑供应商对采购人、采购代理机构的答复不满意或者采购人、采购代理机构未在规定的时间内作出答复的，可以在答复期满后15个工作日内向同级政府采购监督管理部门投诉。

第五十六条 政府采购监督管理部门应当在收到投诉后30个工作日内，对投诉事项作出处理决定，并以书面形式通知投诉人和与投诉事项有关的当事人。

第五十七条 政府采购监督管理部门在处理投诉事项期间，可以视具体情况书面通知采购人暂停采购活动，但暂停时间最长不得超过30日。

第五十八条 投诉人对政府采购监督管理部门的投诉处理决定不服或者政府采购监督管理部门逾期未作处理的，可以依法申请行政复议或者向人民法院提起行政诉讼。

第七章　监督检查

第五十九条 政府采购监督管理部门应当加强对政府采购活动及集中采购机构的监督检查。

监督检查的主要内容是：

（一）有关政府采购的法律、行政法规和规章的执行情况；

（二）采购范围、采购方式和采购程序的执行情况；

（三）政府采购人员的职业素质和专业技能。

第六十条 政府采购监督管理部门不得设置集中采购机构，不得参与政府采购项目的采购活动。

采购代理机构与行政机关不得存在隶属关系或者其他利益关系。

第六十一条 集中采购机构应当建立健全内部监督管理制度。采购活动的决策和执行程序应当明确，并相互监督、相互制约。经办采购的人员与负责采购合同审核、验收人员的职责权限应当明确，并相互分离。

第六十二条 集中采购机构的采购人员应当具有相关职业素质和专业技能，符合政府采购监督管理部门规定的专业岗位任职要求。

集中采购机构对其工作人员应当加强教育和培训；对采购人员的专业水平、工作实绩和职业道德状况定期进行考核。采购人员经考核不合格的，不得继续任职。

第六十三条 政府采购项目的采购标准应当公开。

采用本法规定的采购方式的，采购人在采购活动完成后，应当将采购结果予以公布。

第六十四条 采购人必须按照本法规定的采购方式和采购程序进行采购。

任何单位和个人不得违反本法规定，要求采购人或者采购工作人员向其指定的供应商进行采购。

第六十五条 政府采购监督管理部门应当对政府采购项目的采购活动进行检查，政府采购当事人应当如实反映情况，提供有关材料。

第六十六条 政府采购监督管理部门应当对集中采购机构的采购价格、节约资金效果、服务质量、信誉状况、有无违法行为等事项进行考核，并定期如实公布考核结果。

第六十七条 依照法律、行政法规的规定对政府采购负有行政监督职责的政府有关部门，应当按照其职责分工，加强对政府采购活动的监督。

第六十八条 审计机关应当对政府采购进行审计监督。政府采购监督管理部门、政府采购各当事人有关政府采购活动，应当接受审计机关的审计监督。

第六十九条 监察机关应当加强对参与政府采购活动的国家机关、国家公务员和国家行政机关任命的其他人员实施监察。

第七十条 任何单位和个人对政府采购活动中的违法行为，有权控告和检举，有关部门、机关应当依照各自职责及时处理。

第八章 法律责任

第七十一条 采购人、采购代理机构有下列情形之一的，责令限期改正，给予警告，可以并处罚款，对直接负责的主管人员和其他直接责任人员，由其行政主管部门或者有关机关给予处分，并予通报：

（一）应当采用公开招标方式而擅自采用其他方式采购的；

（二）擅自提高采购标准的；

（三）委托不具备政府采购业务代理资格的机构办理采购事务的；

（四）以不合理的条件对供应商实行差别待遇或者歧视待遇的；

（五）在招标采购过程中与投标人进行协商谈判的；

（六）中标、成交通知书发出后不与中标、成交供应商签订采购合同的；

（七）拒绝有关部门依法实施监督检查的。

第七十二条 采购人、采购代理机构及其工作人员有下列情形之一，构成犯罪的，依法追究刑事责任；尚不构成犯罪的，处以罚款，有违法所得的，并处没收违法所得，属于国家机关工作人员的，依法给予行政处分：

（一）与供应商或者采购代理机构恶意串通的；

（二）在采购过程中接受贿赂或者获取其他不正当利益的；

（三）在有关部门依法实施的监督检查中提供虚假情况的；

（四）开标前泄露标底的。

第七十三条 有前两条违法行为之一影响中标、成交结果或者可能影响中标、成交结果的，按下列情况分别处理：

（一）未确定中标、成交供应商的，终止采购活动；

（二）中标、成交供应商已经确定但采购合同尚未履行的，撤销合同，从合格的中标、成交候选人中另行确定中标、成交供应商；

（三）采购合同已经履行的，给采购人、供应商造成损失的，由责任人承担赔偿责任。

第七十四条 采购人对应当实行集中采购的政府采购项目，不委托集中采购机构实行集中采购的，由政府采购监督管理部门责令改正；拒不改正的，停止按预算向其支付资金，由其上级行政主管部门或者有关机关依法给予其直接负责的主管人员和其他直接责任人员处分。

第七十五条 采购人未依法公布政府采购项目的采购标准和采购结果的，责令改正，对直接负责的主管人员依法给予处分。

第七十六条 采购人、采购代理机构违反本法规定隐匿、销毁应当保存的采购文件或者伪造、变造采购文件的，由政府采购监督管理部门处以 2 万元以上 10 万元以下的罚款，对其直接负责的主管人员和其他直接责任人员依法给予处分；构成犯罪的，依法追究刑事责任。

第七十七条 供应商有下列情形之一的，处以采购金额 5‰以上 10‰以下的罚款，列入不良行为记录名单，在 1 至 3 年内禁止参加政府采购活动，有违法所得的，并处没收违法所得，情节严重的，由工商行政管理机关吊销营业执照；构成犯罪的，依法追究刑事责任：

（一）提供虚假材料谋取中标、成交的；

（二）采取不正当手段诋毁、排挤其他供应商的；

（三）与采购人、其他供应商或者采购代理机构恶意串通的；

（四）向采购人、采购代理机构行贿或者提供其他不正当利益的；

（五）在招标采购过程中与采购人进行协商谈判的；

（六）拒绝有关部门监督检查或者提供虚假情况的。

供应商有前款第(一)至(五)项情形之一的,中标、成交无效。

第七十八条 采购代理机构在代理政府采购业务中有违法行为的,按照有关法律规定处以罚款,可以依法取消其进行相关业务的资格,构成犯罪的,依法追究刑事责任。

第七十九条 政府采购当事人有本法第七十一条、第七十二条、第七十七条违法行为之一,给他人造成损失的,并应依照有关民事法律规定承担民事责任。

第八十条 政府采购监督管理部门的工作人员在实施监督检查中违反本法规定滥用职权,玩忽职守,徇私舞弊的,依法给予行政处分;构成犯罪的,依法追究刑事责任。

第八十一条 政府采购监督管理部门对供应商的投诉逾期未作处理的,给予直接负责的主管人员和其他直接责任人员行政处分。

第八十二条 政府采购监督管理部门对集中采购机构业绩的考核,有虚假陈述,隐瞒真实情况的,或者不作定期考核和公布考核结果的,应当及时纠正,由其上级机关或者监察机关对其负责人进行通报,并对直接负责的人员依法给予行政处分。

集中采购机构在政府采购监督管理部门考核中,虚报业绩,隐瞒真实情况的,处以 2 万元以上 20 万元以下的罚款,并予以通报;情节严重的,取消其代理采购的资格。

第八十三条 任何单位或者个人阻挠和限制供应商进入本地区或者本行业政府采购市场的,责令限期改正;拒不改正的,由该单位、个人的上级行政主管部门或者有关机关给予单位责任人或者个人处分。

第九章　附　则

第八十四条　使用国际组织和外国政府贷款进行的政府采购，贷款方、资金提供方与中方达成的协议对采购的具体条件另有规定的，可以适用其规定，但不得损害国家利益和社会公共利益。

第八十五条　对因严重自然灾害和其他不可抗力事件所实施的紧急采购和涉及国家安全和秘密的采购，不适用本法。

第八十六条　军事采购法规由中央军事委员会另行制定。

第八十七条　本法实施的具体步骤和办法由国务院规定。

第八十八条　本法自2003年1月1日起施行。

中华人民共和国政府采购法实施条例

中华人民共和国国务院令　第658号

（经2014年12月31日国务院第75次常务会议通过，

2015年1月30日公布，自2015年3月1日起施行）

第一章　总则

第一条　根据《中华人民共和国政府采购法》（以下简称政府采购法），制定本条例。

第二条　政府采购法第二条所称财政性资金是指纳入预算管理的资金。

以财政性资金作为还款来源的借贷资金，视同财政性资金。

国家机关、事业单位和团体组织的采购项目既使用财政性资金又使用非财政性资金的，使用财政性资金采购的部分，适用政府采购法及本条例；财政性资金与非财政性资金无法分割采购的，统一适用政府采购法及本条例。

政府采购法第二条所称服务，包括政府自身需要的服务和政府向社会公众提供的公共服务。

第三条　集中采购目录包括集中采购机构采购项目和部门集中采购项目。

技术、服务等标准统一，采购人普遍使用的项目，列为集中采购机构采购项目；采购人本部门、本系统基于业务需要有特殊要求，可以统一采购的项目，列为部门集中采购项目。

第四条 政府采购法所称集中采购，是指采购人将列入集中采购目录的项目委托集中采购机构代理采购或者进行部门集中采购的行为；所称分散采购，是指采购人将采购限额标准以上的未列入集中采购目录的项目自行采购或者委托采购代理机构代理采购的行为。

第五条 省、自治区、直辖市人民政府或者其授权的机构根据实际情况，可以确定分别适用于本行政区域省级、设区的市级、县级的集中采购目录和采购限额标准。

第六条 国务院财政部门应当根据国家的经济和社会发展政策，会同国务院有关部门制定政府采购政策，通过制定采购需求标准、预留采购份额、价格评审优惠、优先采购等措施，实现节约能源、保护环境、扶持不发达地区和少数民族地区、促进中小企业发展等目标。

第七条 政府采购工程以及与工程建设有关的货物、服务，采用招标方式采购的，适用《中华人民共和国招标投标法》及其实施条例；采用其他方式采购的，适用政府采购法及本条例。

前款所称工程，是指建设工程，包括建筑物和构筑物的新建、改建、扩建及其相关的装修、拆除、修缮等；所称与工程建设有关的货物，是指构成工程不可分割的组成部分，且为实现工程基本功能所必需的设备、材料等；所称与工程建设有关的服务，是指为完成工程所需的勘察、设计、监理等服务。

政府采购工程以及与工程建设有关的货物、服务，应当执行政府采购政策。

第八条 政府采购项目信息应当在省级以上人民政府财政部门指定的媒体上发布。采购项目预算金额达到国务院财政部门规定标准的，政府采购项目信息应当在国务院财政部门指定的媒体上发布。

第九条 在政府采购活动中，采购人员及相关人员与供应商有下列利害关系之一的，应当回避：

（一）参加采购活动前3年内与供应商存在劳动关系；

（二）参加采购活动前3年内担任供应商的董事、监事；

（三）参加采购活动前3年内是供应商的控股股东或者实际控制人；

（四）与供应商的法定代表人或者负责人有夫妻、直系血亲、三代以内旁系血亲或者近姻亲关系；

（五）与供应商有其他可能影响政府采购活动公平、公正进行的关系。

供应商认为采购人员及相关人员与其他供应商有利害关系的，可以向采购人或者采购代理机构书面提出回避申请，并说明理由。采购人或者采购代理机构应当及时询问被申请回避人员，有利害关系的被申请回避人员应当回避。

第十条 国家实行统一的政府采购电子交易平台建设标准，推动利用信息网络进行电子化政府采购活动。

第二章 政府采购当事人

第十一条 采购人在政府采购活动中应当维护国家利益和社会公共利益，公正廉洁，诚实守信，执行政府采购政策，建立政府采购内部管理制度，厉行节约，科学合理确定采购需求。

采购人不得向供应商索要或者接受其给予的赠品、回扣或者与采购无关的其他商品、服务。

第十二条 政府采购法所称采购代理机构，是指集中采购机构和集中采购机构以外的采购代理机构。

集中采购机构是设区的市级以上人民政府依法设立的非营利事业法人，是代理集中采购项目的执行机构。集中采购机构应当根据采购人委托制定集中采购项目的实施方案，明确采购规程，组织政府采购活动，不得将集中采购项目转委托。集中采购机构以外的采购代理机构，是从事采购代理业务的社会中介机构。

第十三条 采购代理机构应当建立完善的政府采购内部监督管理制度，具备开展政府采购业务所需的评审条件和设施。

采购代理机构应当提高确定采购需求，编制招标文件、谈判文件、询价通知书，拟订合同文本和优化采购程序的专业化服务水平，根据采购人委托在规定的时间内及时组织采购人与中标或者成交供应商签订政府采购合同，及时协助采购人对采购项目进行验收。

第十四条 采购代理机构不得以不正当手段获取政府采购代理业务，不得与采购人、供应商恶意串通操纵政府采购活动。

采购代理机构工作人员不得接受采购人或者供应商组织的宴请、旅游、娱乐，不得收受礼品、现金、有价证券等，不得向采购人或者供应商报销应当由个人承担的费用。

第十五条 采购人、采购代理机构应当根据政府采购政策、采购预算、采购需求编制采购文件。

采购需求应当符合法律法规以及政府采购政策规定的技术、服务、安全等要求。政府向社会公众提供的公共服务项目，应当就确定采购需求征求社会公众的意见。除因技术复杂或者性质特殊，不能确定详细规格或者具体要求外，采购需求应当完整、明确。必要时，应当就确定采购需求征求相关供应商、专家的意见。

第十六条　政府采购法第二十条规定的委托代理协议，应当明确代理采购的范围、权限和期限等具体事项。

采购人和采购代理机构应当按照委托代理协议履行各自义务，采购代理机构不得超越代理权限。

第十七条　参加政府采购活动的供应商应当具备政府采购法第二十二条第一款规定的条件，提供下列材料：

（一）法人或者其他组织的营业执照等证明文件，自然人的身份证明；

（二）财务状况报告，依法缴纳税收和社会保障资金的相关材料；

（三）具备履行合同所必需的设备和专业技术能力的证明材料；

（四）参加政府采购活动前 3 年内在经营活动中没有重大违法记录的书面声明；

（五）具备法律、行政法规规定的其他条件的证明材料。

采购项目有特殊要求的，供应商还应当提供其符合特殊要求的证明材料或者情况说明。

第十八条　单位负责人为同一人或者存在直接控股、管理关系的不同供应商，不得参加同一合同项下的政府采购活动。

除单一来源采购项目外，为采购项目提供整体设计、规范编制或者项目管理、监理、检测等服务的供应商，不得再参加该采购项目的其他采购活动。

第十九条 政府采购法第二十二条第一款第五项所称重大违法记录，是指供应商因违法经营受到刑事处罚或者责令停产停业、吊销许可证或者执照、较大数额罚款等行政处罚。

供应商在参加政府采购活动前3年内因违法经营被禁止在一定期限内参加政府采购活动，期限届满的，可以参加政府采购活动。

第二十条 采购人或者采购代理机构有下列情形之一的，属于以不合理的条件对供应商实行差别待遇或者歧视待遇：

（一）就同一采购项目向供应商提供有差别的项目信息；

（二）设定的资格、技术、商务条件与采购项目的具体特点和实际需要不相适应或者与合同履行无关；

（三）采购需求中的技术、服务等要求指向特定供应商、特定产品；

（四）以特定行政区域或者特定行业的业绩、奖项作为加分条件或者中标、成交条件；

（五）对供应商采取不同的资格审查或者评审标准；

（六）限定或者指定特定的专利、商标、品牌或者供应商；

（七）非法限定供应商的所有制形式、组织形式或者所在地；

（八）以其他不合理条件限制或者排斥潜在供应商。

第二十一条 采购人或者采购代理机构对供应商进行资格

预审的，资格预审公告应当在省级以上人民政府财政部门指定的媒体上发布。已进行资格预审的，评审阶段可以不再对供应商资格进行审查。资格预审合格的供应商在评审阶段资格发生变化的，应当通知采购人和采购代理机构。

资格预审公告应当包括采购人和采购项目名称、采购需求、对供应商的资格要求以及供应商提交资格预审申请文件的时间和地点。提交资格预审申请文件的时间自公告发布之日起不得少于5个工作日。

第二十二条 联合体中有同类资质的供应商按照联合体分工承担相同工作的，应当按照资质等级较低的供应商确定资质等级。

以联合体形式参加政府采购活动的，联合体各方不得再单独参加或者与其他供应商另外组成联合体参加同一合同项下的政府采购活动。

第三章 政府采购方式

第二十三条 采购人采购公开招标数额标准以上的货物或者服务，符合政府采购法第二十九条、第三十条、第三十一条、第三十二条规定情形或者有需要执行政府采购政策等特殊情况的，经设区的市级以上人民政府财政部门批准，可以依法采用公开招标以外的采购方式。

第二十四条 列入集中采购目录的项目，适合实行批量集中采购的，应当实行批量集中采购，但紧急的小额零星货物项目和有特殊要求的服务、工程项目除外。

第二十五条 政府采购工程依法不进行招标的，应当依照政府采购法和本条例规定的竞争性谈判或者单一来源采购方式采购。

第二十六条 政府采购法第三十条第三项规定的情形，应当是采购人不可预见的或者非因采购人拖延导致的；第四项规定的情形，是指因采购艺术品或者因专利、专有技术或者因服务的时间、数量事先不能确定等导致不能事先计算出价格总额。

第二十七条 政府采购法第三十一条第一项规定的情形，是指因货物或者服务使用不可替代的专利、专有技术，或者公共服务项目具有特殊要求，导致只能从某一特定供应商处采购。

第二十八条 在一个财政年度内，采购人将一个预算项目下的同一品目或者类别的货物、服务采用公开招标以外的方式多次采购，累计资金数额超过公开招标数额标准的，属于以化整为零方式规避公开招标，但项目预算调整或者经批准采用公开招标以外方式采购除外。

第四章 政府采购程序

第二十九条 采购人应当根据集中采购目录、采购限额标准和已批复的部门预算编制政府采购实施计划，报本级人民政府财政部门备案。

第三十条 采购人或者采购代理机构应当在招标文件、谈判文件、询价通知书中公开采购项目预算金额。

第三十一条 招标文件的提供期限自招标文件开始发出之日起不得少于5个工作日。

采购人或者采购代理机构可以对已发出的招标文件进行必要的澄清或者修改。澄清或者修改的内容可能影响投标文件编制的，采购人或者采购代理机构应当在投标截止时间至少15日前，以书面形式通知所有获取招标文件的潜在投标人；不足15日的，采购人或者采购代理机构应当顺延提交投标文件的截止时间。

第三十二条 采购人或者采购代理机构应当按照国务院财政部门制定的招标文件标准文本编制招标文件。

招标文件应当包括采购项目的商务条件、采购需求、投标人的资格条件、投标报价要求、评标方法、评标标准以及拟签订的合同文本等。

第三十三条 招标文件要求投标人提交投标保证金的，投标保证金不得超过采购项目预算金额的2%。投标保证金应当以支票、汇票、本票或者金融机构、担保机构出具的保函等非现金形式提交。投标人未按照招标文件要求提交投标保证金的，投标无效。

采购人或者采购代理机构应当自中标通知书发出之日起5个工作日内退还未中标供应商的投标保证金，自政府采购合同签订之日起5个工作日内退还中标供应商的投标保证金。

竞争性谈判或者询价采购中要求参加谈判或者询价的供应商提交保证金的，参照前两款的规定执行。

第三十四条 政府采购招标评标方法分为最低评标价法和综合评分法。

最低评标价法，是指投标文件满足招标文件全部实质性要求且投标报价最低的供应商为中标候选人的评标方法。综合评分法，是指投标文件满足招标文件全部实质性要求且按照评审因素的量化指标评审得分最高的供应商为中标候选人的评标方法。

技术、服务等标准统一的货物和服务项目，应当采用最低评标价法。

采用综合评分法的，评审标准中的分值设置应当与评审因素的量化指标相对应。

招标文件中没有规定的评标标准不得作为评审的依据。

第三十五条 谈判文件不能完整、明确列明采购需求，需要由供应商提供最终设计方案或者解决方案的，在谈判结束后，谈判小组应当按照少数服从多数的原则投票推荐3家以上供应商的设计方案或者解决方案，并要求其在规定时间内提交最后报价。

第三十六条 询价通知书应当根据采购需求确定政府采购合同条款。在询价过程中，询价小组不得改变询价通知书所确定的政府采购合同条款。

第三十七条 政府采购法第三十八条第五项、第四十条第四项所称质量和服务相等，是指供应商提供的产品质量和服务均能满足采购文件规定的实质性要求。

第三十八条 达到公开招标数额标准，符合政府采购法第三十一条第一项规定情形，只能从唯一供应商处采购的，采购人应当将采购项目信息和唯一供应商名称在省级以上人民政府财政部门指定的媒体上公示，公示期不得少于5个工作日。

第三十九条 除国务院财政部门规定的情形外，采购人或者采购代理机构应当从政府采购评审专家库中随机抽取评审专家。

第四十条 政府采购评审专家应当遵守评审工作纪律，不得泄露评审文件、评审情况和评审中获悉的商业秘密。

评标委员会、竞争性谈判小组或者询价小组在评审过程中发现供应商有行贿、提供虚假材料或者串通等违法行为的，应当及时向财政部门报告。

政府采购评审专家在评审过程中受到非法干预的，应当及时向财政、监察等部门举报。

第四十一条 评标委员会、竞争性谈判小组或者询价小组成员应当按照客观、公正、审慎的原则，根据采购文件规定的评审程序、评审方法和评审标准进行独立评审。采购文件内容违反国家有关强制性规定的，评标委员会、竞争性谈判小组或者询价小组应当停止评审并向采购人或者采购代理机构说明情况。

评标委员会、竞争性谈判小组或者询价小组成员应当在评审报告上签字，对自己的评审意见承担法律责任。对评审报告有异议的，应当在评审报告上签署不同意见，并说明理由，否则视为同意评审报告。

第四十二条 采购人、采购代理机构不得向评标委员会、竞争性谈判小组或者询价小组的评审专家作倾向性、误导性的解释或者说明。

第四十三条 采购代理机构应当自评审结束之日起 2 个工作日内将评审报告送交采购人。采购人应当自收到评审报告之日起 5 个工作日内在评审报告推荐的中标或者成交候选人中按顺序确定中标或者成交供应商。

采购人或者采购代理机构应当自中标、成交供应商确定之日起2个工作日内，发出中标、成交通知书，并在省级以上人民政府财政部门指定的媒体上公告中标、成交结果，招标文件、竞争性谈判文件、询价通知书随中标、成交结果同时公告。

中标、成交结果公告内容应当包括采购人和采购代理机构的名称、地址、联系方式，项目名称和项目编号，中标或者成交供应商名称、地址和中标或者成交金额，主要中标或者成交标的的名称、规格型号、数量、单价、服务要求以及评审专家名单。

第四十四条 除国务院财政部门规定的情形外，采购人、采购代理机构不得以任何理由组织重新评审。采购人、采购代理机构按照国务院财政部门的规定组织重新评审的，应当书面报告本级人民政府财政部门。

采购人或者采购代理机构不得通过对样品进行检测、对供应商进行考察等方式改变评审结果。

第四十五条 采购人或者采购代理机构应当按照政府采购合同规定的技术、服务、安全标准组织对供应商履约情况进行验收，并出具验收书。验收书应当包括每一项技术、服务、安全标准的履约情况。

政府向社会公众提供的公共服务项目，验收时应当邀请服务对象参与并出具意见，验收结果应当向社会公告。

第四十六条 政府采购法第四十二条规定的采购文件，可以用电子档案方式保存。

第五章　政府采购合同

第四十七条　国务院财政部门应当会同国务院有关部门制定政府采购合同标准文本。

第四十八条　采购文件要求中标或者成交供应商提交履约保证金的，供应商应当以支票、汇票、本票或者金融机构、担保机构出具的保函等非现金形式提交。履约保证金的数额不得超过政府采购合同金额的10%。

第四十九条　中标或者成交供应商拒绝与采购人签订合同的，采购人可以按照评审报告推荐的中标或者成交候选人名单排序，确定下一候选人为中标或者成交供应商，也可以重新开展政府采购活动。

第五十条　采购人应当自政府采购合同签订之日起2个工作日内，将政府采购合同在省级以上人民政府财政部门指定的媒体上公告，但政府采购合同中涉及国家秘密、商业秘密的内容除外。

第五十一条　采购人应当按照政府采购合同规定，及时向中标或者成交供应商支付采购资金。

政府采购项目资金支付程序，按照国家有关财政资金支付管理的规定执行。

第六章　质疑与投诉

第五十二条　采购人或者采购代理机构应当在3个工作日内对供应商依法提出的询问作出答复。

供应商提出的询问或者质疑超出采购人对采购代理机构委托授权范围的，采购代理机构应当告知供应商向采购人提出。

政府采购评审专家应当配合采购人或者采购代理机构答复供应商的询问和质疑。

第五十三条 政府采购法第五十二条规定的供应商应知其权益受到损害之日，是指：

（一）对可以质疑的采购文件提出质疑的，为收到采购文件之日或者采购文件公告期限届满之日；

（二）对采购过程提出质疑的，为各采购程序环节结束之日；

（三）对中标或者成交结果提出质疑的，为中标或者成交结果公告期限届满之日。

第五十四条 询问或者质疑事项可能影响中标、成交结果的，采购人应当暂停签订合同，已经签订合同的，应当中止履行合同。

第五十五条 供应商质疑、投诉应当有明确的请求和必要的证明材料。供应商投诉的事项不得超出已质疑事项的范围。

第五十六条 财政部门处理投诉事项采用书面审查的方式，必要时可以进行调查取证或者组织质证。

对财政部门依法进行的调查取证，投诉人和与投诉事项有关的当事人应当如实反映情况，并提供相关材料。

第五十七条 投诉人捏造事实、提供虚假材料或者以非法手段取得证明材料进行投诉的，财政部门应当予以驳回。

财政部门受理投诉后，投诉人书面申请撤回投诉的，财政部门应当终止投诉处理程序。

第五十八条 财政部门处理投诉事项，需要检验、检测、鉴定、专家评审以及需要投诉人补正材料的，所需时间不计算在投诉处理期限内。

财政部门对投诉事项作出的处理决定，应当在省级以上人民政府财政部门指定的媒体上公告。

第七章 监督检查

第五十九条 政府采购法第六十三条所称政府采购项目的采购标准，是指项目采购所依据的经费预算标准、资产配置标准和技术、服务标准等。

第六十条 除政府采购法第六十六条规定的考核事项外，财政部门对集中采购机构的考核事项还包括：

(一)政府采购政策的执行情况；

(二)采购文件编制水平；

(三)采购方式和采购程序的执行情况；

(四)询问、质疑答复情况；

(五)内部监督管理制度建设及执行情况；

(六)省级以上人民政府财政部门规定的其他事项。

财政部门应当制定考核计划，定期对集中采购机构进行考核，考核结果有重要情况的，应当向本级人民政府报告。

第六十一条 采购人发现采购代理机构有违法行为的，应当要求其改正。采购代理机构拒不改正的，采购人应当向本级人民政府财政部门报告，财政部门应当依法处理。

采购代理机构发现采购人的采购需求存在以不合理条件对

供应商实行差别待遇、歧视待遇或者其他不符合法律、法规和政府采购政策规定内容，或者发现采购人有其他违法行为的，应当建议其改正。采购人拒不改正的，采购代理机构应当向采购人的本级人民政府财政部门报告，财政部门应当依法处理。

第六十二条 省级以上人民政府财政部门应当对政府采购评审专家库实行动态管理，具体管理办法由国务院财政部门制定。

采购人或者采购代理机构应当对评审专家在政府采购活动中的职责履行情况予以记录，并及时向财政部门报告。

第六十三条 各级人民政府财政部门和其他有关部门应当加强对参加政府采购活动的供应商、采购代理机构、评审专家的监督管理，对其不良行为予以记录，并纳入统一的信用信息平台。

第六十四条 各级人民政府财政部门对政府采购活动进行监督检查，有权查阅、复制有关文件、资料，相关单位和人员应当予以配合。

第六十五条 审计机关、监察机关以及其他有关部门依法对政府采购活动实施监督，发现采购当事人有违法行为的，应当及时通报财政部门。

第八章 法律责任

第六十六条 政府采购法第七十一条规定的罚款，数额为10万元以下。

政府采购法第七十二条规定的罚款，数额为5万元以上25万元以下。

第六十七条 采购人有下列情形之一的，由财政部门责令限期改正，给予警告，对直接负责的主管人员和其他直接责任人员依法给予处分，并予以通报：

（一）未按照规定编制政府采购实施计划或者未按照规定将政府采购实施计划报本级人民政府财政部门备案；

（二）将应当进行公开招标的项目化整为零或者以其他任何方式规避公开招标；

（三）未按照规定在评标委员会、竞争性谈判小组或者询价小组推荐的中标或者成交候选人中确定中标或者成交供应商；

（四）未按照采购文件确定的事项签订政府采购合同；

（五）政府采购合同履行中追加与合同标的相同的货物、工程或者服务的采购金额超过原合同采购金额10％；

（六）擅自变更、中止或者终止政府采购合同；

（七）未按照规定公告政府采购合同；

（八）未按照规定时间将政府采购合同副本报本级人民政府财政部门和有关部门备案。

第六十八条 采购人、采购代理机构有下列情形之一的，依照政府采购法第七十一条、第七十八条的规定追究法律责任：

（一）未依照政府采购法和本条例规定的方式实施采购；

（二）未依法在指定的媒体上发布政府采购项目信息；

（三）未按照规定执行政府采购政策；

（四）违反本条例第十五条的规定导致无法组织对供应商履约情况进行验收或者国家财产遭受损失；

（五）未依法从政府采购评审专家库中抽取评审专家；

（六）非法干预采购评审活动；

（七）采用综合评分法时评审标准中的分值设置未与评审因素的量化指标相对应；

（八）对供应商的询问、质疑逾期未作处理；

（九）通过对样品进行检测、对供应商进行考察等方式改变评审结果；

（十）未按照规定组织对供应商履约情况进行验收。

第六十九条 集中采购机构有下列情形之一的，由财政部门责令限期改正，给予警告，有违法所得的，并处没收违法所得，对直接负责的主管人员和其他直接责任人员依法给予处分，并予以通报：

（一）内部监督管理制度不健全，对依法应当分设、分离的岗位、人员未分设、分离；

（二）将集中采购项目委托其他采购代理机构采购；

（三）从事营利活动。

第七十条 采购人员与供应商有利害关系而不依法回避的，由财政部门给予警告，并处2000元以上2万元以下的罚款。

第七十一条 有政府采购法第七十一条、第七十二条规定的违法行为之一，影响或者可能影响中标、成交结果的，依照下列规定处理：

（一）未确定中标或者成交供应商的，终止本次政府采购活动，重新开展政府采购活动。

（二）已确定中标或者成交供应商但尚未签订政府采购合同的，中标或者成交结果无效，从合格的中标或者成交候选人中另行确定中标或者成交供应商；没有合格的中标或者成交候选人的，重新开展政府采购活动。

（三）政府采购合同已签订但尚未履行的，撤销合同，从合格的中标或者成交候选人中另行确定中标或者成交供应商；没有合格的中标或者成交候选人的，重新开展政府采购活动。

（四）政府采购合同已经履行，给采购人、供应商造成损失的，由责任人承担赔偿责任。

政府采购当事人有其他违反政府采购法或者本条例规定的行为，经改正后仍然影响或者可能影响中标、成交结果或者依法被认定为中标、成交无效的，依照前款规定处理。

第七十二条 供应商有下列情形之一的，依照政府采购法第七十七条第一款的规定追究法律责任：

（一）向评标委员会、竞争性谈判小组或者询价小组成员行贿或者提供其他不正当利益；

（二）中标或者成交后无正当理由拒不与采购人签订政府采购合同；

（三）未按照采购文件确定的事项签订政府采购合同；

（四）将政府采购合同转包；

（五）提供假冒伪劣产品；

（六）擅自变更、中止或者终止政府采购合同。

供应商有前款第一项规定情形的，中标、成交无效。评审阶段资格发生变化，供应商未依照本条例第二十一条的规定通知采购人和采购代理机构的，处以采购金额5‰的罚款，列入不良行为记录名单，中标、成交无效。

第七十三条 供应商捏造事实、提供虚假材料或者以非法手段取得证明材料进行投诉的，由财政部门列入不良行为记录名单，禁止其1至3年内参加政府采购活动。

第七十四条 有下列情形之一的，属于恶意串通，对供应商依照政府采购法第七十七条第一款的规定追究法律责任，对采购人、采购代理机构及其工作人员依照政府采购法第七十二条的规定追究法律责任：

(一)供应商直接或者间接从采购人或者采购代理机构处获得其他供应商的相关情况并修改其投标文件或者响应文件；

(二)供应商按照采购人或者采购代理机构的授意撤换、修改投标文件或者响应文件；

(三)供应商之间协商报价、技术方案等投标文件或者响应文件的实质性内容；

(四)属于同一集团、协会、商会等组织成员的供应商按照该组织要求协同参加政府采购活动；

(五)供应商之间事先约定由某一特定供应商中标、成交；

(六)供应商之间商定部分供应商放弃参加政府采购活动或者放弃中标、成交；

(七)供应商与采购人或者采购代理机构之间、供应商相互之间，为谋求特定供应商中标、成交或者排斥其他供应商的其他串通行为。

第七十五条 政府采购评审专家未按照采购文件规定的评审程序、评审方法和评审标准进行独立评审或者泄露评审文件、评审情况的，由财政部门给予警告，并处2000元以上2万元以下的罚款；影响中标、成交结果的，处 2 万元以上 5 万元以下的罚款，禁止其参加政府采购评审活动。

政府采购评审专家与供应商存在利害关系未回避的，处 2 万元以上 5 万元以下的罚款，禁止其参加政府采购评审活动。

政府采购评审专家收受采购人、采购代理机构、供应商贿赂或者获取其他不正当利益，构成犯罪的，依法追究刑事责任；尚不构成犯罪的，处 2 万元以上 5 万元以下的罚款，禁止其参加政府采购评审活动。

政府采购评审专家有上述违法行为的，其评审意见无效，不得获取评审费；有违法所得的，没收违法所得；给他人造成损失的，依法承担民事责任。

第七十六条 政府采购当事人违反政府采购法和本条例规定，给他人造成损失的，依法承担民事责任。

第七十七条 财政部门在履行政府采购监督管理职责中违反政府采购法和本条例规定，滥用职权、玩忽职守、徇私舞弊的，对直接负责的主管人员和其他直接责任人员依法给予处分；直接负责的主管人员和其他直接责任人员构成犯罪的，依法追究刑事责任。

第九章 附 则

第七十八条 财政管理实行省直接管理的县级人民政府可以根据需要并报经省级人民政府批准，行使政府采购法和本条例规定的设区的市级人民政府批准变更采购方式的职权。

第七十九条 本条例自 2015 年 3 月 1 日起施行。

工程建设项目招标投标活动投诉处理办法

（2004年国家七部委第11号令，根据2013年3月11日《关于废止和修改部分招标投标规章和规范性文件的决定》2013年第23号令修正）

第一条 为保护国家利益、社会公共利益和招标投标当事人的合法权益，建立公平、高效的工程建设项目招标投标活动投诉处理机制，根据《中华人民共和国招标投标法》《中华人民共和国招标投标法实施条例》，制定本办法。

第二条 本办法适用于工程建设项目招标投标活动的投诉及其处理活动。

前款所称招标投标活动，包括招标、投标、开标、评标、中标以及签订合同等各阶段。

第三条 投标人或者其他利害关系人认为招标投标活动不符合法律、法规和规章规定的，有权依法向有关行政监督部门投诉。

前款所称其他利害关系人是指投标人以外的，与招标项目或者招标活动有直接和间接利益关系的法人、其他组织和自然人。

第四条 各级发展改革、工业和信息化、住房城乡建设、水利、交通运输、铁道、商务、民航等招标投标活动行政监督部门，依照《国务院办公厅印发国务院有关部门实施招标投标活动行政监督的职责分工的意见的通知》（国办发〔2000〕34号）和地方各级人民政府规定的职责分工，受理投诉并依法做出处理决定。

对国家重大建设项目（含工业项目）招标投标活动的投诉，由国家发展改革委受理并依法做出处理决定。对国家重大建设项目招标投标活动的投诉，有关行业行政监督部门已经收到的，应当通报国家发展改革委，国家发展改革委不再受理。

第五条 行政监督部门处理投诉时，应当坚持公平、公正、高效原则，维持国家利益、社会公共利益和招标投标当事人的合法权益。

第六条 行政监督部门应当确定本部门内部负责受理投诉的机构及其电话、传真、电子信箱和通讯地址，并向社会公布。

第七条 投诉人投诉时，应当提交投诉书。投诉书应当包括下列内容：

（一）投诉人的名称、地址及有效联系方式；

（二）被投诉人的名称、地址及有效联系方式；

（三）投诉事项的基本事实；

（四）相关请求及主张；

（五）有效线索和相关证明材料。

对招标投标法实施条例规定应先提出异议的事项进行投诉的，应当附提出异议的证明文件。已向有关行政监督部门投诉的，应当一并说明。

投诉人是法人的，投诉书必须由其法定代表人或者授权代表签字并盖章；其他组织或者自然人投诉的，投诉书必须由其主要负责人或者投诉人本人签字，并附有效身份证明复印件。

投诉书有关材料是外文的，投诉人应当同时提供其中文译本。

第八条 投诉人不得以投诉为名排挤竞争对手，不得进行虚假、恶意投诉，阻碍招标投标活动的正常进行。

第九条 投诉人认为招标投标活动不符合法律行政法规规定的，可以在知道或者应当知道之日起十日内提出书面投诉。依照有关行政法规提出异议的，异议答复期间不计算在内。

第十条 投诉人可以自己直接投诉，也可以委托代理人办理投诉事务。代理人办理投诉事务时，应将授权委托书连同投诉书一并提交给行政监督部门。授权委托书应当明确有关委托代理权限和事项。

第十一条 行政监督部门收到投诉书后，应当在三个工作日内进行审查，视情况分别做出以下处理决定。

（一）不符合投诉处理条件的，决定不予受理，并将不予受理的理由书面告知投诉人；

（二）对符合投诉处理条件，但不属于本部门受理的投诉，书面告知投诉人向其他行政监督部门提出投诉；

对于符合投诉处理条件并决定受理的，收到投诉书之日即为正式受理。

第十二条 有下列情形之一的投诉，不予受理；

（一）投诉人不是所投诉招标投标活动的参与者，或者与投诉项目无任何利害关系；

（二）投诉事项不具体，且未提供有效线索，难以查证的；

（三）投诉书未署具投诉人真实姓名、签字和有效联系方式的；以法人名义投诉的，投诉书未经法定代表人签字并加盖公章的；

（四）超过投诉时效的；

（五）已经作出处理决定，并且投诉人没有提出新的证据；

（六）投诉事项应先提出异议没有提出异议、已进入行政复议或行政诉讼程序的。

第十三条 行政监督部门负责投诉处理的工作人员，有下列情形之一的，应当主动回避：

（一）近亲属是被投诉人、投诉人，或者是被投诉人、投诉人的主要负责人；

（二）在近三年内本人曾经在被投诉人单位担任高级管理职务；

（三）与被投诉人、投诉人有其他利害关系，可能影响对投诉事项公正处理的。

第十四条 行政监督部门受理投诉后，应当调取、查阅有关文件，调查、核实有关情况。

对情况复杂、涉及面广的重大投诉事项，有权受理投诉的行政监督部门可以会同其他有关的行政监督部门进行联合调查，共同研究后由受理部门做出处理决定。

第十五条 行政监督部门调查取证时，应当由两名以上行政执法人员进行，并做笔录，交被调查人签字确认。

第十六条 在投诉处理过程中，行政监督部门应当听取被投诉人的陈述和申辩，必要时可通知投诉人和被投诉人进行质证。

第十七条 行政监督部门负责处理投诉的人员应当严格遵守保密规定，对于在投诉处理过程中所接触到的国家秘密、商业秘密应当予以保密，也不得将投诉事项透露给与投诉无关的其他单位和个人。

第十八条 行政监督部门处理投诉，有权查阅、复制有关文件、资料，调查有关情况，相关单位和人员应当予以配合。必要时，行政监督部门可以责令暂停招标投标活动。

对行政监督部门依法进行的调查，投诉人、被投诉人以及评标委员会成员等与投诉事项有关的当事人应当予以配合，如实提供有关资料及情况，不得拒绝、隐匿或者伪报。

第十九条 投诉处理决定做出前，投诉人要求撤回投诉的，应当以书面形式提出并说明理由，由行政监督部门视以下情况，决定是否准予撤回：

（一）已经查实有明显违法行为的，应当不准撤回，并继续调查直至做出处理决定；

（二）撤回投诉不损害国家利益、社会公共利益或者其他当事人合法权益的，应当准予撤回，投诉处理过程终止。投诉人不得以同一事实和理由再提出投诉。

第二十条 行政监督部门应当根据调查和取证情况，对投诉事项进行审查，按照下列规定做出处理决定：

（一）投诉缺乏事实根据或者法律依据的，或者投诉人捏造事实、伪造材料或者以非法手段取得证明材料进行投诉的，驳回投诉；

（二）投诉情况属实，招标投标活动确实存在违法行为的，依据《中华人民共和国招标投标法》《中华人民共和国招标投标法实施条例》及其他有关法规、规章作出处罚。

第二十一条 负责受理投诉的行政监督部门应当自受理投诉之日起三十个工作日内，对投诉事项做出处理决定，并以书面形式通知投诉人、被投诉人和其他与投诉处理结果有关的当事人。需要检验、检测、鉴定、专家评审的，所需时间不计算在内。

第二十二条 投诉处理决定应当包括下列主要内容：

（一）投诉人和被投诉人的名称、住址；

（二）投诉人的投诉事项及主张；

（三）被投诉人的答辩及请求；

（四）调查认定的基本事实；

（五）行政监督部门的处理意见及依据。

第二十三条 行政监督部门应当建立投诉处理档案，并做好保存和管理工作，接受有关方面的监督检查。

第二十四条 行政监督部门在处理投诉过程中，发现被投诉人单位直接负责的主管人员和其他直接责任人员有违法、违规或者违纪行为的，应当建议其行政主管机关、纪检监察部门给予处分；情节严重构成犯罪的，移送司法机关处理。

对招标代理机构有违法行为，且情节严重的，依法暂停直至取消招标代理资格。

第二十五条 当事人对行政监督部门的投诉处理决定不服或者行政监督部门逾期未做处理的，可以依法申请行政复议或者向人民法院提起行政诉讼。

第二十六条 投诉人故意捏造事实、伪造证明材料或者以非法手段取得证明材料进行投诉，给他人造成损失的，依法承担赔偿责任。

第二十七条 行政监督部门工作人员在处理投诉过程中徇私舞弊、滥用职权或者玩忽职守，对投诉人打击报复的，依法给予行政处分；构成犯罪的，依法追究刑事责任。

第二十八条 行政监督部门在处理投诉过程中，不得向投诉人和被投诉人收取任何费用。

第二十九条 对于性质恶劣、情节严重的投诉事项，行政监督部门可以将投诉处理结果在有关媒体上公布，接受舆论和公众监督。

第三十条 本办法由国家发展改革委会同国务院有关部门解释。

第三十一条 本办法自2004年8月1日起施行。

政府采购供应商投诉处理办法

财政部令第 20 号

第一章　总　则

第一条　为了防止和纠正违法的或者不当的政府采购行为，保护参加政府采购活动供应商的合法权益，维护国家利益和社会公共利益，建立规范高效的政府采购投诉处理机制，根据《中华人民共和国政府采购法》(以下简称政府采购法)，制定本办法。

第二条　供应商依法向财政部门提起投诉，财政部门受理投诉、作出处理决定，适用本办法。

第三条　县级以上各级人民政府财政部门负责依法受理和处理供应商投诉。

财政部负责中央预算项目政府采购活动中的供应商投诉事宜。

县级以上地方各级人民政府财政部门负责本级预算项目政府采购活动中的供应商投诉事宜。

第四条　各级财政部门应当在省级以上财政部门指定的政府采购信息发布媒体上公告受理投诉的电话、传真等方便供应商投诉的事项。

第五条　财政部门处理投诉，应当坚持公平、公正和简便、高效的原则，维护国家利益和社会公共利益。

第六条 供应商投诉实行实名制，其投诉应当有具体的投诉事项及事实根据，不得进行虚假、恶意投诉。

第二章 投诉提起与受理

第七条 供应商认为采购文件、采购过程、中标和成交结果使自己的合法权益受到损害的，应当首先依法向采购人、采购代理机构提出质疑。对采购人、采购代理机构的质疑答复不满意，或者采购人、采购代理机构未在规定期限内作出答复的，供应商可以在答复期满后15个工作日内向同级财政部门提起投诉。

第八条 投诉人投诉时，应当提交投诉书，并按照被投诉采购人、采购代理机构（以下简称被投诉人）和与投诉事项有关的供应商数量提供投诉书的副本。

投诉书应当包括下列主要内容：

（一）投诉人和被投诉人的名称、地址、电话等；

（二）具体的投诉事项及事实依据；

（三）质疑和质疑答复情况及相关证明材料；

（四）提起投诉的日期。

投诉书应当署名。投诉人为自然人的，应当由本人签字；投诉人为法人或者其他组织的，应当由法定代表人或者主要负责人签字盖章并加盖公章。

第九条 投诉人可以委托代理人办理投诉事务。代理人办理投诉事务时，除提交投诉书外，还应当向同级财政部门提交投诉人的授权委托书，授权委托书应当载明委托代理的具体权限和事项。

第十条 投诉人提起投诉应当符合下列条件：

（一）投诉人是参与所投诉政府采购活动的供应商；

（二）提起投诉前已依法进行质疑；

（三）投诉书内容符合本办法的规定；

（四）在投诉有效期限内提起投诉；

（五）属于本财政部门管辖；

（六）同一投诉事项未经财政部门投诉处理；

（七）国务院财政部门规定的其他条件。

第十一条 财政部门收到投诉书后，应当在5个工作日内进行审查，对不符合投诉条件的，分别按下列规定予以处理：

（一）投诉书内容不符合规定的，告知投诉人修改后重新投诉；

（二）投诉不属于本部门管辖的，转送有管辖权的部门，并通知投诉人；

（三）投诉不符合其他条件的，书面告知投诉人不予受理，并应当说明理由。

对符合投诉条件的投诉，自财政部门收到投诉书之日起即为受理。

第十二条 财政部门应当在受理投诉后3个工作日内向被投诉人和与投诉事项有关的供应商发送投诉书副本。

第十三条 被投诉人和与投诉事项有关的供应商应当在收到投诉书副本之日起5个工作日内，以书面形式向财政部门作出说明，并提交相关证据、依据和其他有关材料。

第三章 投诉处理与决定

第十四条 财政部门处理投诉事项原则上采取书面审查的办法。财政部门认为有必要时，可以进行调查取证，也可以组织投诉人和被投诉人当面进行质证。

第十五条 对财政部门依法进行调查的，投诉人、被投诉人以及与投诉事项有关的单位及人员等应当如实反映情况，并提供财政部门所需要的相关材料。

第十六条 投诉人拒绝配合财政部门依法进行调查的，按自动撤回投诉处理；被投诉人不提交相关证据、依据和其他有关材料的，视同放弃说明权利，认可投诉事项。

第十七条 财政部门经审查，对投诉事项分别作出下列处理决定：

（一）投诉人撤回投诉的，终止投诉处理；

（二）投诉缺乏事实依据的，驳回投诉；

（三）投诉事项经查证属实的，分别按照本办法有关规定处理。

第十八条 财政部门经审查，认定采购文件具有明显倾向性或者歧视性等问题，给投诉人或者其他供应商合法权益造成或者可能造成损害的，按下列情况分别处理：

（一）采购活动尚未完成的，责令修改采购文件，并按修改后的采购文件开展采购活动；

（二）采购活动已经完成，但尚未签订政府采购合同的，决定采购活动违法，责令重新开展采购活动；

（三）采购活动已经完成，并且已经签订政府采购合同的，决定采购活动违法，由被投诉人按照有关法律规定承担相应的赔偿责任。

第十九条 财政部门经审查，认定采购文件、采购过程影响或者可能影响中标、成交结果的，或者中标、成交结果的产生过程存在违法行为的，按下列情况分别处理：

（一）政府采购合同尚未签订的，分别根据不同情况决定全部或者部分采购行为违法，责令重新开展采购活动；

（二）政府采购合同已经签订但尚未履行的，决定撤销合同，责令重新开展采购活动；

（三）政府采购合同已经履行的，决定采购活动违法，给采购人、投诉人造成损失的，由相关责任人承担赔偿责任。

第二十条 财政部门应当自受理投诉之日起 30 个工作日内，对投诉事项作出处理决定，并以书面形式通知投诉人、被投诉人及其他与投诉处理结果有利害关系的政府采购当事人。

第二十一条 财政部门作出处理决定，应当制作投诉处理决定书，并加盖印章。投诉处理决定书应当包括下列主要内容：

（一）投诉人和被投诉人的姓名或者名称、住所等；

（二）委托代理人办理的，代理人的姓名、职业、住址、联系方式等；

（三）处理决定的具体内容及事实根据和法律依据；

（四）告知投诉人行政复议申请权和诉讼权利；

（五）作出处理决定的日期。

投诉处理决定书的送达，依照民事诉讼法关于送达的规定执行。

第二十二条 财政部门在处理投诉事项期间，可以视具体情况书面通知被投诉人暂停采购活动，但暂停时间最长不得超过30日。

被投诉人收到通知后应当立即暂停采购活动，在法定的暂停期限结束前或者财政部门发出恢复采购活动通知前，不得进行该项采购活动。

第二十三条 财政部门应当将投诉处理结果在省级以上财政部门指定的政府采购信息发布媒体上公告。

第二十四条 投诉人对财政部门的投诉处理决定不服或者财政部门逾期未作处理的，可以依法申请行政复议或者向人民法院提起行政诉讼。

第四章 法律责任

第二十五条 财政部门在处理投诉过程中，发现被投诉人及其工作人员、评标委员会成员、供应商有违法行为，本机关有权处理、处罚的，应当依法予以处理、处罚；本机关无权处理的，应当转送有权处理的机关依法处理。

第二十六条 投诉人有下列情形之一的，属于虚假、恶意投诉，财政部门应当驳回投诉，将其列入不良行为记录名单，并依法予以处罚：

(一)一年内三次以上投诉均查无实据的；

(二)捏造事实或者提供虚假投诉材料的。

第二十七条 被投诉人的违法行为给他人造成损失的，应当依照有关民事法律规定承担民事责任。

第二十八条 财政部门工作人员在投诉处理过程中滥用职权、玩忽职守、徇私舞弊的，依法给予行政处分；构成犯罪的，依法追究刑事责任。

第五章 附 则

第二十九条 财政部门处理投诉不得向投诉人和被投诉人收取任何费用。但因处理投诉发生的鉴定费用，应当按照“谁过错谁负担”的原则由过错方负担；双方都有过错的，由双方合理分担。

第三十条 财政部门应当建立投诉处理档案管理制度，并自觉接受有关部门依法进行的监督检查。

第三十一条 对在投诉处理过程中知悉的商业秘密及个人隐私，财政部门及知情人应当负保密责任。

第三十二条 本办法自2004年9月11日起施行。

合肥市公共资源交易管理条例

安徽省合肥市人大常委会

安徽省人民代表大会常务委员会

关于批准《合肥市公共资源交易管理条例》的决议

(2013 年 3 月 27 日

安徽省第十二届人民代表大会常务委员会

第一次会议通过)

安徽省第十二届人民代表大会常务委员会第一次会议审查了《合肥市公共资源交易管理条例》,决定予以批准,由合肥市人民代表大会常务委员会公布施行。

合肥市公共资源交易管理条例

(2012 年 12 月 27 日合肥市第十四届人民代表大会常务委员会第三十八次会议通过,2013 年 3 月 27 日安徽省第十二届人民代表大会常务委员会第一次会议批准)

第一章　总　则

第一条　为了加强对公共资源交易活动的监督管理,提高公共资源配置的效率和质量，建立公平、诚信的市场秩序，根据《中华人民共和国招标投标法》《中华人民共和国政府采购法》等法律、法规，结合本市实际，制定本条例。

第二条　本条例适用于本市行政区域内的公共资源交易及其监督管理活动。

本条例所称公共资源，是指国家机关、事业单位和被授权的组织所有或者管理的，具有公有性、公益性的资源。

第三条　公共资源交易应当遵循公开、公平、公正和诚实信用原则。

第四条　公共资源交易实行目录管理。列入目录的公共资源应当采用招标、拍卖、竞价、挂牌、竞争性谈判、询价、单一来源采购等方式进行交易。

第二章　管理机构

第五条　市、县(市)人民政府公共资源交易监督管理委员会，负责本行政区域内公共资源交易重大问题的决策、重大事项的协调和领导工作。

第六条　市、县(市)人民政府公共资源交易监督管理机构，对本行政区域内公共资源交易实行统一监督管理。市公共资源交易监督管理机构指导和监督县(市)公共资源交易监督管理机构的工作。

公共资源交易监督管理机构应当做好下列工作：

(一)依据法律、法规和本条例规定，制定公共资源交易工作程序和管理规定；

（二）对公共资源交易实施监督管理，受理公共资源交易投诉，依法查处公共资源交易中的违法行为；

（三）建立和管理公共资源交易综合评审专家库，建立公共资源交易信用管理制度；

（四）建立全程监控、联动执法等工作制度，逐步实行信息化管理。

第七条 财政、发展改革、城乡建设、国土资源、工商行政管理、交通运输、水务、房地产管理、国有资产管理等有关部门，在各自职责范围内协同做好有关的公共资源交易监督管理工作。

审计机关、监察机关依法对公共资源交易活动实施审计、监察。

第八条 市人民政府应当建立统一规范的公共资源交易中心，作为公共资源交易场所和服务平台。县（市）人民政府可以根据实际需要，建立统一规范的公共资源交易中心。

公共资源交易中心在其职责范围内，受理符合条件的公共资源交易项目；依法开展公共资源交易，保存公共资源交易文件；答复公共资源交易过程中的异议。

第三章　交易目录

第九条 下列项目应当列入公共资源交易目录：

（一）依法应当公开招标、邀请招标的工程建设项目；

（二）市级政府采购项目和县（市）、区公开招标的政府采购项目，以及市属非竞争性国有独资企业通用类货物采购项目；

（三）国有产权及股权交易项目；

(四)国有建设用地使用权出让项目;

(五)特许经营项目、经营性户外广告载体使用权出让或者租赁项目;

(六)行政、事业单位资产租赁项目;

(七)排污权等各类环境资源交易项目;

(八)国家、省、市规定应当列入目录的其他交易项目。

第十条 公共资源交易目录由公共资源交易监督管理机构会同相关部门拟定,报经市、县(市)人民政府批准后公布实施。

公共资源交易目录的修订,按照前款规定的程序实施。

第十一条 公共资源交易目录制定、修订,涉及重大公共利益的,应当公开征求意见并组织论证或者听证。

涉及重大公共利益的事项,由公共资源交易监督管理委员会依据法律、法规规定,确定具体范围,并报本级人民政府批准后公布。

第十二条 列入公共资源交易目录的项目应当在公共资源交易中心进行交易。

鼓励未列入管理目录的公共资源交易项目进入公共资源交易中心进行交易。

第十三条 列入公共资源交易目录的下列项目,应当按照市人民政府的规定,确定代理机构代理交易事宜,法律、法规另有规定的除外:

(一)市、区两级投资以及县(市)投资限额以上的依法应当进行公开招标、邀请招标的建设工程项目;

(二)市级政府采购项目、区级限额以上依法应当进行公开招标、邀请招标的政府采购项目以及市属非竞争性国有独资企业通用类货物采购项目；

（三）市、县（市）、区国有产权及股权交易项目；

（四）市人民政府确定的其他公共资源交易项目。

前款所称投资限额的规定，经批准后由公共资源交易监督管理机构公布。

第四章　交易程序

第十四条　公共资源交易实行统一进场交易和结算、统一发布信息、统一竞得规则、统一监督管理。

第十五条　公共资源交易应当建立网络信息平台，及时发布公共资源交易信息。

公共资源交易结果应当在公共资源交易网络信息平台进行公示。

第十六条　进场交易的公共资源交易项目，应当符合法律、法规规定的交易条件。

有下列情形之一的，不得受理：

（一）未经依法审批、核准的；

（二）权属有争议的；

（三）被依法采取限制措施的；

（四）法律、法规规定禁止交易的其他情形。

第十七条　公共资源交易项目单位可以根据项目需要，提出竞争主体资格条件。提出的竞争主体资格条件，应当有利于促进公平竞争，符合项目的合理需求，不得以不合理的条件排斥、歧视潜在公共资源交易竞争主体。

第十八条 公共资源交易项目单位要求变更交易方式的，应当经公共资源交易监督管理机构审核后，报市、县（市）人民政府批准。法律、法规另有规定的，从其规定。

第十九条 公共资源交易资格审查委员会、评标委员会、谈判小组、询价小组的专家成员应当在评审专家库里随机抽取。

第二十条 按照本条例第十三条规定实行代理的建设工程以及属于标准定制商品及通用服务的政府采购项目，实行有效最低价竞得。在符合交易文件规定的资格审查条件、商务和技术要求的前提下，以提出最低报价者作为竞得候选人。

国有产权及股权交易和国有建设用地使用权出让项目，实行有效最高价竞得。在符合交易文件规定的资格审查条件等实质性要求的前提下，以提出最高报价者作为竞得候选人。

第二十一条 因交易系统故障致使交易不能进行的，或者因不可抗力致使交易不能进行的，应当中止公共资源交易。

交易期间的公共资源权属存在异议，尚未依法确定权属的，应当中止公共资源交易。

第二十二条 有下列情形之一的，应当终止交易：

（一）人民法院、仲裁机构或者有关行政执法机关确认项目单位对其委托交易的项目无处理权的；

（二）项目自委托之日起因项目单位原因三个月内不进行交易，经催告后七日内无正当理由仍不进行交易的；

（三）依法应当终止交易的其他情形。

第二十三条 公共资源交易竞争主体或者其他利害关系人

认为交易文件、交易过程、交易结果侵害了自身合法权益的，可以在法定时限内以书面形式向公共资源交易项目单位或者公共资源交易中心提出异议。公共资源交易项目单位和公共资源交易中心应当在收到异议之日起七日内作出书面答复。

第二十四条 按照本条例第十三条规定实行代理的公共资源交易项目应当实行投标担保、低价风险担保和履约担保。

第二十五条 公共资源交易项目单位和公共资源交易竞得者，应当按照交易文件的要求及时签订合同，不得另行签订背离合同实质性内容的其他协议。

第二十六条 公共资源交易项目单位应当在公共资源交易合同签订后七日内，向公共资源交易监督管理机构备案。

第五章 监督管理

第二十七条 公共资源交易项目单位，对于应当进入公共资源交易场所进行交易的项目，不得有下列行为：

(一)采取化整为零或者以其他任何方式予以规避；

(二)擅自中止、终止交易；

(三)擅自拒绝签订合同或者提出额外附加条件；

(四)与公共资源交易竞争主体或者评审委员会成员恶意串通。

公共资源交易项目单位，应当及时确认公共资源交易信息，收取履约保证金，履行合同备案、交易项目验收等职责。

第二十八条 公共资源交易竞争主体应当遵守交易活动的程序与规定，不得有下列行为：

（一）以他人名义交易或者以其他方式弄虚作假骗取项目竞得；

（二）恶意串通或者通过行贿等违法手段谋取竞得；

（三）捏造事实、伪造材料，或者以非法手段获取证明材料进行质疑或者投诉的；

（四）擅自放弃项目竞得资格、不签订交易合同、不提交履约保证金和低价风险保证金等担保、在项目实施中降低技术标准。

第二十九条 公共资源交易中介机构应当遵守交易活动的程序与规定，不得有下列行为：

（一）泄露应当保密的与公共资源交易活动有关的情况和资料；

（二）与项目单位、公共资源交易竞争主体串通损害国家利益、社会公共利益或者他人合法权益；

（三）在交易过程中接受贿赂或者获取其他不正当利益；

（四）在有关部门依法实施的监督检查中提供虚假情况；

（五）隐匿、销毁应当保存的交易文件或者伪造、变造交易文件。

第三十条 在项目评审过程中，专家成员应当按照交易文件规定的标准和方法进行评审，不得有下列行为：

（一）私自接触公共资源交易竞争主体和收受财物或者其他利益；

（二）向项目单位征询确定公共资源交易竞得者的意向；

（三）接受任何单位或者个人明示或者暗示提出的倾向；

（四）排斥特定公共资源交易竞争主体的要求；

(五)擅离职守等其他渎职行为。

第三十一条 公共资源交易竞争主体或者其他利害关系人对异议的答复不满意的,可以依法向公共资源交易监督管理机构投诉。

投诉时不得以投诉为名排挤竞争对手,不得进行虚假、恶意投诉,不得阻碍公共资源交易活动的正常进行。

第三十二条 公共资源监督管理机构应当根据调查和取证情况,对投诉事项进行审查。投诉属实且交易活动存在违法行为的,应当依法处理。

公共资源交易监督管理机构处理投诉时,有权查阅、复制有关文件、资料,调查有关情况,有关单位和人员应当予以配合;必要时,可以责令暂停相关的公共资源交易活动。

公共资源交易监督管理机构应当在收到投诉之日起三十日内作出书面处理决定;需要进行检验、检测、鉴定、专家评审的,所需时间不计算在内。

第三十三条 公共资源交易监督管理机构应当建立公共资源交易项目单位和竞争主体以及从业人员信用管理机制,对违反本条例规定的,记入不良信用档案。

第三十四条 公共资源交易监督管理机构应当会同有关部门对公共资源交易的履约行为加强监督检查。

第六章 法律责任

第三十五条 公共资源交易过程中有违反法律、法规及本条例规定的,由公共资源交易监督管理机构依法处理。

第三十六条 公共资源交易项目单位违反本条例第二十七条第一款第二项规定，擅自中止、终止交易的，由公共资源交易监督管理机构责令限期改正，给予警告。

公共资源交易项目单位违反本条例第二十七条第二款规定，不及时确认公共资源交易信息的，或者不履行交易项目验收等职责的，由公共资源交易监督管理机构责令改正，给予警告。

公共资源交易竞争主体违反本条例第二十八条第四项规定，擅自放弃项目竞得资格的，或者在项目实施中降低技术标准的，由公共资源交易监督管理机构责令改正，可以处竞得项目金额10‰以下的罚款；给他人造成损失的，应当依法承担赔偿责任。

第三十七条 负有公共资源交易监督管理职责的国家机关工作人员违反本条例规定未履行监督管理职责的，对直接负责的主管人员和其他直接责任人员由其行政主管部门或者有关机关给予处分，并予通报。

公共资源交易监督管理机构的工作人员徇私舞弊、滥用职权以及有违反本条例规定的其他行为未构成犯罪的，由监察机关依法予以处分。

第七章　附　则

第三十八条 本条例自 2013 年 5 月 1 日起施行。

合肥市公共资源交易市场竞争主体不良行为处理办法

第一条 为进一步规范公共资源交易行为，建立健全公共资源交易市场信用体系，依据《中华人民共和国招标投标法》及其实施条例、《中华人民共和国政府采购法》及其实施条例、《合肥市公共资源交易管理条例》《安徽省建筑市场信用信息管理办法》《安徽省政府采购供应商质疑处理办法》等法律法规及制度，制定本办法。

第二条 本办法所称的公共资源交易市场竞争主体（以下简称竞争主体）是指投标人（供应商）、受让方（竞买人），包括法人、其他组织和自然人。

本办法所称的不良行为是指交易主体在公共资源交易活动中及合同履约过程中违反法律、法规、规章及规范性文件的规定，以及其他扰乱市场秩序的行为。

第三条 市、县（市）公共资源交易监督管理局（以下简称监管机构）按照职责权限负责建立本层级竞争主体信用信息档案，并对不良行为信息记录与披露进行监督和管理。

第四条 不良行为处理坚持客观公正、过责相当、量责一致、惩教并重的原则。

第五条 《合肥市公共资源交易市场竞争主体不良行为认定

标准》为本办法的附件，是监管机构开展不良行为记录的标准。

第六条 不良行为记录采用记分制，已被监管机构记录不良行为的竞争主体，两年内再次发现存在不良行为的，记分采取累加。

第七条 监管机构应在不良行为处理决定文书送达的次日，向社会公开披露不良行为信息。不良行为信息的披露媒介为市、县(市)公共资源交易监督管理机构及公共资源交易中心门户网站。

第八条 竞争主体不良行为披露期为二年。

第九条 竞争主体在参与公共资源交易活动时存在违规行为，但由于受到客观因素制约、情节轻微的，由监管机构给予预警，并公开披露，披露期6个月。

第十条 监管机构应当与相关行业管理部门建立不良行为信息共享机制，完善“一处受罚、处处受制”的信用体系联建机制。

第十一条 不良行为记录是竞争主体信用评定的重要内容。各级公共资源交易中心应在公共资源交易活动中加强信用评定结果的运用。招标人在发布招标公告、制定资格预审文件和招标文件中，可以将竞争主体信用评定情况列为资格条件。

第十二条 在不良行为记录和披露工作中，有滥用职权、玩忽职守、徇私舞弊行为的，依据相关规定追究有关责任人员责任；涉嫌犯罪的，移送司法机关追究刑事责任。

第十三条 本办法由合肥市公共资源交易监督管理局负责解释。

第十四条 本办法自发布之日起执行，有效期3年。原《合肥市公共资源交易主体和评标专家不良行为记录与披露办法》(合公综〔2014〕47号)同时废止。

合肥市公共资源交易市场竞争主体不良行为认定标准

1.在投标有效期内，撤回投标文件的，记5—10分；

2.中标(成交)通知书发放前，无正当理由放弃中标资格的，记5—10分；

3.中标(成交)通知书发放后，无正当理由放弃中标资格的，记10—15分；

4.中标(成交)通知书发放后，不按规定提交履约担保、向招标人提出附加条件、不与招标人签订合同的，记15—20分；

5.在投标过程中，弄虚作假、允许他人以本单位名义、以他人名义投标的，未中标或中标(成交)通知书发放前被发现的，记10—15分；中标(成交)通知书发放后被发现的，记15—20分；

6.不同投标人投标文件异常一致、报价雷同或呈规律性差异、电子投标文件制作机器码相同、投标文件混装、投标文件由同一单位或者个人编制、委托同一单位或个人办理投标事宜、投标文件载明的项目管理成员为同一人等串通投标行为，且未中标的，记10—15分；存在上述串通投标行为且中标的，记15—20分；

7.采取不正当手段影响和干扰其他投标人投标以及开评标活动的，记10—15分；

8.不按招标文件、投标文件以及签订的合同履约及在项目实施中降低技术标准的，记 5—10 分；

9. 捏造事实、提供虚假材料或者以非法手段取得证明材料进行质疑（异议）、投诉，影响交易活动正常进行的，记 10—15 分；

10. 一年内三次以上质疑（异议）或投诉均查无实据的，记 10—15 分；

11. 在监管部门调查过程中，提供虚假证明材料的，记 5—10 分；

12. 无正当理由两次未参加或未派指定人员参加监管部门组织的约谈的，记 5—10 分。

合肥市公管局常用执法文书范本

投诉受理通知书

编　号

×××公司：

您单位关于×××（项目编号：略）的投诉书及与投诉相关的证据材料，我局已于××××年××月××日收悉。

经审核，您单位的投诉符合投诉受理条件。我局决定对您单位提出的投诉予以受理。

特此告知。

××××年××月××日

投诉调查通知书

×××公司：

我局已受理×××公司递交的投诉书，投诉你公司参加的×××项目(项目编号：略)招投标一案，现向你公司发送投诉书副本一份，请于　　年　　月　　日前针对投诉书投诉事项向我局提交书面陈述，并提交相关证据、依据和其他有关材料。

联系人：×××，电话：×××××××××。

××××年××月××日

协查函

×××：

因工作需要，需向您单位了解×××公司相关情况，现请贵单位确认×××；另请明确×××。

依据《中华人民共和国招标投标法实施条例》第六十二条的规定，您单位有义务协助行政监督部门和执法机关开展案件调查工作。鉴于调查处理投诉案件的法定时限较短，恳请贵单位安排协查，并予及时回函为谢。

书面答复请先行传真至×××××××××，答复原件可采用顺丰到付方式寄往：安徽省合肥市滨湖新区2588号要素市场A区×××室合肥市公共资源交易监督管理局市场执法监察支队。

感谢支持帮助。

联系人：×××、×××；电话：×××××××××。

××××年××月××日

合肥市公共资源交易监督管理局
行政相对人送达地址确认书

<table>
<tr><td>案　由</td><td colspan="2"></td></tr>
<tr><td>合肥市公管局对行政相对人填写送达地址确认书的告知事项</td><td colspan="2">根据公共资源交易涉诉事项办理的有关规定，合肥市公共资源交易监督局就执法文书送达有关事项告知如下：
一、行政相对人拒绝提供自己送达地址的，自然人依其户籍登记中的住所地或者经常居住地为送达地址；法人或者其他组织以其工商登记或者其他依法登记、备案中的住所为送达地址。
二、因受送达人自己提供或者确认的送达地址不准确、拒不提供送达地址、送达地址变更未及时告知合肥市公管局、受送达人本人或者受送达人指定的代收人拒绝签收，导致执法文书未能被受送达人接收的，执法文书寄出之日即视为送达之日。</td></tr>
<tr><td rowspan="3">行政相对人提供的自己的送达地址</td><td colspan="2">行政相对人名称：</td></tr>
<tr><td>行政相对人总部办公地址：
指定收件人名称：
电话(移动电话)：</td><td>行政相对人在合肥办公地址：
指定收件人名称：
电话(移动电话)：</td></tr>
<tr><td colspan="2">是否接受电子送达方式：□是　□否
电子送达方式：手机号码：　　电子邮件地址：
传真号码：</td></tr>
<tr><td>行政相对人对自己送达地址的确认</td><td colspan="2">我已经阅读了合肥市公共资源交易监督管理局对行政相对人填写送达地址确认书的告知事项，并保证上述送达地址是准确、有效的。
行政相对人签名、盖章或捺印：
年　月　日</td></tr>
<tr><td>执法人员签　名</td><td colspan="2"></td></tr>
<tr><td>备　考</td><td colspan="2"></td></tr>
<tr><td colspan="3">注：1.本样式供所有涉诉事项案件使用。
2.行政相对人填写本表前，应当仔细阅读表中第一栏内合肥市公管局对行政相对人填写送达地址确认书的书面告知；行政相对人阅读有困难的，执法人员应当向其口头告知。
3.本表中行政相对人的送达地址应当由行政相对人自己或行政相对人的代理人填写；行政相对人因文化水平限制不能书写，又没有代理人的，可以口述后由执法人员代为填写，并经两名以上执法人员宣读无误后由行政相对人签名或捺印确认。
4.行政相对人的电话号码应当包括办公电话、住宅电话和移动电话。
5.行政相对人拒绝提供自己送达地址的，或者行政相对人要求对《行政相对人送达地址确认书》中的内容保密的，应当在备考栏内注明。</td></tr>
</table>

合肥市公共资源交易监督管理局
行政处罚立案审批表

<table>
<tr><td colspan="3">案　由</td><td colspan="7"></td></tr>
<tr><td colspan="3">案件来源</td><td colspan="7"></td></tr>
<tr><td rowspan="3">当事人</td><td>个人</td><td>姓名</td><td></td><td>年龄</td><td></td><td>住址</td><td></td><td>联系电话</td><td></td></tr>
<tr><td rowspan="2">单位</td><td>名称</td><td colspan="2"></td><td>地址</td><td colspan="4"></td></tr>
<tr><td>法定代表人（负责人）</td><td colspan="2"></td><td>联系电话</td><td colspan="4"></td></tr>
<tr><td colspan="3">简要案情</td><td colspan="7"></td></tr>
<tr><td colspan="3">立案依据</td><td colspan="7"></td></tr>
<tr><td colspan="3">承办人
意　见</td><td colspan="7">签字：　　　　　　　　年　月　日</td></tr>
<tr><td colspan="3">承办部门
意　见</td><td colspan="7">签字：　　　　　　　　年　月　日</td></tr>
<tr><td colspan="3">法制机构意见</td><td colspan="7">签字：　　　　　　　　年　月　日</td></tr>
<tr><td colspan="3">处罚主体负责人
审批意见</td><td colspan="7">签字：　　　　　　　　年　月　日</td></tr>
</table>

合肥市公共资源交易监督管理局
行政处罚案件调查终结审批表

<table>
<tr><td colspan="3">案　由</td><td colspan="7"></td></tr>
<tr><td colspan="3">案件来源</td><td colspan="7"></td></tr>
<tr><td colspan="3">办案单位</td><td colspan="4"></td><td colspan="3">办案人</td></tr>
<tr><td rowspan="3">当事人</td><td>个人</td><td>姓名</td><td></td><td>年龄</td><td></td><td>住址</td><td></td><td>联系电话</td><td></td></tr>
<tr><td rowspan="2">单位</td><td colspan="2">名称</td><td colspan="2"></td><td>地址</td><td colspan="3"></td></tr>
<tr><td colspan="2">法定代表人（负责人）</td><td colspan="2"></td><td>联系电话</td><td colspan="3"></td></tr>
<tr><td colspan="3">调查经过及违法事实</td><td colspan="7"></td></tr>
<tr><td colspan="3">证　据</td><td colspan="7"></td></tr>
<tr><td colspan="3">处罚依据</td><td colspan="7"></td></tr>
<tr><td colspan="3">承办人意见及理　由</td><td colspan="7">签字：　　　　　　　　年　月　日</td></tr>
<tr><td colspan="3">承办单位意　见</td><td colspan="7">签字：　　　　　　　　年　月　日</td></tr>
<tr><td colspan="3">法制机构意见</td><td colspan="7">签字：　　　　　　　　年　月　日</td></tr>
<tr><td colspan="3">行政处罚主体负责人审批意见</td><td colspan="7">签字：　　　　　　　　年　月　日</td></tr>
</table>

合肥市公共资源交易监督管理局行政处罚案件集体讨论记录

案　由：____

时　间：____

地　点：____

主持人：________________　记录人________________

参加人：____

讨论记录____

参加人员签名：______________________________________

____

____

____

____

____

____

____

____

____

____

关于×××公司不良行为的处理决定

编号

×××公司：

你公司参加×××项目(项目编号：略)投标并中标后，我局接到×××公司投诉反映你公司参加前述项目投标存在×××问题，请求我局处理。

我局调查查明：

1. ……………………………………………………………

2. ……………………………………………………………

3. ……………………………………………………………

综上，我局认定你公司在前述项目投标中存在×××的行为。依据《合肥市公共资源交易市场竞争主体不良行为处理办法》第×条和《合肥市公共资源交易市场竞争主体不良行为认定标准》第×条之规定，决定如下：

对×××公司记不良行为1次，记10分，累计记10分，并予以披露。

如对本决定不服，可在收到本决定之日起60日内向合肥市人民政府申请行政复议；也可以在收到本决定之日起6个月内直接向合肥市包河区人民法院提起行政诉讼。

合肥市公共资源交易监督管理局

××××年××月××日

投诉处理决定书

文号

投诉人：×××公司，住所地××市××街道××路×××号，统一社会信用代码×××。

法定代表人：×××，该公司×××。

授权委托人：×××，该公司×××。

被投诉人：×××公司，住所地×××市×××区×××路×××号，统一社会信用代码×××。

法定代表人：×××，该公司×××。

授权委托人：×××，该公司×××。

投诉人于××××年××月××日针对×××公司组织的×××项目招投标活动向我局书面投诉。我局依法受理，现已审查终结。

投诉人称：……………………………………………；

被投诉人称：…………………………………………。

经调查查明：

1. ……………………………………………………；

2. ……………………………………………………；

3. ……………………………………………………。

我局认为：……………………………………………。

综上，依据×××规定，决定如下：

……………………………………………………………。

如对本决定不服,可在收到本决定之日起60日内向合肥市人民政府申请行政复议;也可以在收到本决定之日起6个月内直接向×××人民法院提起行政诉讼。

××××年××月××日

行政处罚事先告知书

文号

×××公司：

你公司参加×××项目（项目编号：略）投标，存在×××的违法行为，违反了×××的规定。依据×××的规定，我局拟对你公司处以×××的罚款，共计人民币×××元（￥×××）的行政处罚。

如你公司对处罚有异议，根据《中华人民共和国行政处罚法》有关规定，对上述拟作出的行政处罚，你公司有权进行陈述和申辩。你公司进行陈述和申辩的，应当在收到本《告知书》之日起3日内向我局书面陈述和申辩；逾期未提出的，视为放弃此权利。

联系地址：×××；联系电话：×××××××××。

××××年××月××日

本文书一式二份，一份送达，一份留存办案机构。

行政处罚听证告知书

文号

×××公司：

经查，你公司参加×××项目（项目编号：略）投标，存在×××的行为，违反了×××的规定。

根据×××的规定，我局拟对你公司作出处以×××的罚款，共计人民币×××元（¥×××）的行政处罚。

根据《中华人民共和国行政处罚法》第四十二条的规定，你公司有权要求举行听证。若要求听证，请在收到本《告知书》起三日内向合肥市公共资源交易监督管理局提出，逾期视为放弃听证权利。

联系地址：×××；联系电话：×××××××××。

××××年××月××日

合肥市公管局行政处罚听证通知书

文号

×××公司：

按照《中华人民共和国行政处罚法》和有关法律、法规、规章的规定，根据你公司申请，现定于××××年××月××日××时，在市公管局×××会议室，就你公司违反×××的规定一案举行公开听证会。由×××任听证主持人（单位：×××，职务：×××），×××同志任书记员。

你公司如要求上述人员回避，可向本机关提出书面申请并说理由。

请你公司按时参加听证会，并准备有关证据，通知相关证人。逾期不参加听证的，视为放弃听证权利，本机关将依法作出行政处罚决定。

听证会应由你公司法定代表人亲自参加，也可委托1至2名代理人参加。

注意事项：

1.委托代理人参加听证的，在听证会举行前提交授权委托书，载明委托的事项、权限和期限。

2.携带当事人（委托代理人）的身份证明原件、复印件和有关证据材料。

3.通知有关证人出席作证，并事先告知我局联系人。

地址：×××；联系电话：×××××××××；联系人：×××。

××××年××月××日

（此通知书一式二份）

听证报告书

一、听证案由：××××年××月××日，×××公司向我局书面申请听证，对合肥公共资源交易监督管理局“×××号”《行政处罚听证告知书》拟作出的行政处罚提出异议，要求举行听证会。

二、当事人：×××公司法定授权委托代理人×××，代理律师×××。

三、听证时间：××××年××月××日××时

四、听证地址：……………………………………………；

五、听证主持人：×××；听证员：×××、×××

六、听证记录员：×××

七、听证方式：公开举行

案件情况：………………………………………………；

调查人意见：……………………………………………；

当事人意见：…………（具体陈述内容详见听证笔录）；

听证意见：

1. ………………………………………………………；

2. ………………………………………………………。

××××年××月××日

合肥市公管局听证情况处理报告书

案　由			
当事人			
听证主持人		书记员	
听证会基本情况摘要			
是否需要变更撤销告知书拟处罚的内容	□需要撤销 □需要变更 □不需要	变更撤销理由	□执法主体错误□事实不清□证据不足□适用法律错误□程序违法□具有减轻情节□具有从轻情节□具有从重情节
原处罚意见			
现处罚意见			
变更理由			
法制机构意见	负责人(签名)：　　　年　　月　　日		
办案单位意　　见	签名：　　　年　　月　　日		
公管局负责人意见	签名：　　　年　　月　　日		
局主要负责人意见	签名：　　　年　　月　　日		

行政处罚决定书

文号

被处罚单位：×××公司

住所地：×××市×××区×××路×××号

统一社会信用代码：×××

法定代表人：×××，该公司董事长兼总经理

根据《中华人民共和国招标投标法》等法律法规的规定，我局依法对×××公司(以下简称×××公司)涉嫌违法违规行为进行了立案调查、审理，并依法向×××公司告知了作出行政处罚的事实、理由、依据以及当事人依法享有的权利。×××公司提出陈述、申辩，并要求听证。我局于××××年××月××日举行听证会，听取了×××公司的陈述、申辩，本案现已调查、审理终结。

经调查，×××公司存在以下违法违规事实：……………………………………………………………。

以上事实有××××项目的×××等证据为证，足以认定。

我局认为，×××公司的行为违反了×××的规定，构成×××。依据×××规定，我局决定：

对×××公司处以×××项目×××的罚款，共计人民币×××元(￥×××)的行政处罚。

以上为罚款决定的，当事人应当在收到本处罚决定之日起15日内到以下银行缴纳罚款：

户名：×××

账号：×××

开户行：×××支行

根据《中华人民共和国行政处罚法》第五十一条之规定，到期不缴纳罚款的，每日按罚款数额的3%加处罚款。

如不服本处罚决定，可以在收到本处罚决定之日起60日内向合肥市人民政府申请行政复议，也可以在收到本《决定书》之日起6个月内直接向人民法院提起诉讼。逾期不申请行政复议或者不提起行政诉讼，又不履行本处罚决定的，我局将依法强制执行或者申请人民法院强制执行。

除法律另有规定外，行政复议和行政诉讼期间，本行政处罚决定不停止执行。

××××年××月××日

（本决定书一式三份）

公开行政处罚决定书告知书

×××公司：

你公司在×××（项目编号：略）投标中存在×××一案，已经我局依法立案并已于××××年××月××日作出了行政处罚决定（决定书编号：×××号）。根据《合肥市人民政府办公厅关于全面推行行政处罚决定书公开工作的通知》（合政办〔2015〕42号）规定，我局将对该《行政处罚决定书》予以公开。

特此告知。

××××年××月××日

后　记

招投标作为市场经济的一种重要资源分配方式，20 世纪 80 年代中期引入国内，经过 30 多年的发展历程，已由单一的建设工程招投标拓展为全领域公共资源交易，并渗透到市场经济乃至人们生产生活的方方面面，为世人所熟悉，深刻地影响着社会经济的发展。伴随着交易市场的蓬勃发展，每年通过公开招标方式实现的 GDP 占有 GDP 总量的相当比重；同时，由于交易体制机制在某些方面也存在着弊端和不足，有关交易参与人违法违规行为引发的各类交易投诉争议和信访举报案件也层出不穷，影响了市场配置资源决定性作用的充分有序发挥，制约了政府投资项目的实施效率。

公共资源交易市场繁荣发展的背后是执法监督部门的强有力的支撑。近几年来，合肥市公管局认真贯彻落实“两学一做”学习教育活动要求，坚持执法为民，严格依法办案，深入开展队伍正规化、业务规范化建设，建立了执法案件查办工作反腐保廉工作机制，在规范执法、秉公办案，保持廉洁高效的同时，着力维护合肥区域公共资源交易市场的正常秩序，促进经济社会的健康和谐发展。

在实践中，执法部门紧紧抓住案件受理、立案、调查、审议、决策、执行等关键环节，强化保廉和效能建设，提升执法人员的规矩意识、奉献精神，保障案件处理公平公正和优质高效，形成一套独具特色的执法办案机制。执法人员在办案实践中，勤于思考，不断求索，刻苦钻研，仅2016年一年，即查办了200多起投诉案件，并努力将每一起案件都办成范例。本案例汇编精选的每一个案例都凝结着执法人员的智慧与心血，他们在深入贯彻落实执法为民理念、严格履行自身职责，为社会提供优质高效执法监督服务的同时，通过勤学苦练、提升能力，对具体案件涉及的法律以及法律空白，都作出了符合立法宗旨以及法理的阐释，这也必定会为我们公共资源市场交易法治建设，特别是在维护法制权威、维护社会公平正义方面作出积极贡献，这也是合肥市公管局及其市场执法监察支队应尽的社会责任。

为保障本书的顺利编辑出版，专门成立了《公共资源交易执法案例精编》编委会，中共合肥市委常委、市政府常务副市长、市公共资源交易监督管理委员会副主任韩冰同志对本书的编辑出版非常关心、支持，应邀担任编委会主任，并为本书作序。合肥市公管局和合肥公共资源交易协会成立了专门的工作班子。市公管局的各位领导，以及合肥公共资源交易管理协会唐如祥会长、薛贤荣教授、合肥市政府法律顾问鲍进律师，以及周川律师对本书的编辑出版给予了悉心指导，提出了宝贵的意见。市公管局市场执法监察支队慎先德、吴燕燕同志承担了组稿任务，李萍、孙成斌、胡洋、吴华、苏红、汤维凯等同志承担了案例搜集整理和编写工作。本书的编写得到了合肥公共资源交易管理协会的大力支持，安徽大学出版社对本书的编辑出版给予了大力帮助。在此，我们谨表示衷心的感谢！

期待本书的出版发行能给广大执法工作者带来借鉴帮助。由于编者水平有限，本书收集的案例难免存在着疏漏之处，恳请读者批评指正。

编　者

2017 年 7 月